跨越（1949—2019）

不懈的奋斗

董振华 等◎著

北京联合出版公司
Beijing United Publishing Co.,Ltd.

图书在版编目（CIP）数据

不懈的奋斗 / 董振华等著 . -- 北京：北京联合出
版公司 , 2019.4
（跨越 : 1949 — 2019）
ISBN 978-7-5596-3042-1

Ⅰ.①不… Ⅱ.①董… Ⅲ.①中国特色社会主义 – 社
会主义建设模式 – 研究 –1949 — 2019 Ⅳ.① D616

中国版本图书馆 CIP 数据核字（2019）第 046379 号

不懈的奋斗
作　　者：董振华等
总 发 行：北京华景时代文化传媒有限公司
责任编辑：昝亚会　夏应鹏
封面设计：张　敏
版式设计：张　敏
责任审读：张连仲

北京联合出版公司出版
（北京市西城区德外大街 83 号楼 9 层　100088）
北京中科印刷有限公司印刷　　新华书店经销
字数 198 千字　　710 毫米 ×1000 毫米　　1/16　　15.5 印张
2019 年 4 月第 1 版　　2019 年 4 月第 1 次印刷
ISBN 978-7-5596-3042-1
定价：48.00 元

幸福都是奋斗出来的

——写在新中国成立 70 周年之际

"苟日新，日日新，又日新。"① 任何重大历史变革、任何伟大历史成就，都是用"解放思想"之明灯指引走向光明的正确方向，用"思想理性"之光辉照亮通往辉煌的光明大道，用"天下为公"之伟大梦想凝聚起团结奋斗的磅礴力量，用"不懈奋斗"之精神革故鼎新谱写辉煌的历史篇章。回顾历史，这也是我们党近百年来的历史、新中国成立 70 年的历史、改革开放 40 年的历史充分揭示和反复证明了的中国共产党的成功密码，彰显了中国共产党人团结带领全国各族人民在革故鼎新中跨越时代、在务实奋斗中实现梦想的坚定信念和使命担当。时值新中国成立 70 周年之际，我们从过去、现在、未来相统一的历史维度，事实、规律、价值相统一的理论维度，现实、理想、道路相统一的实践角度，民族、中国、世界相统一的空间维度，去回顾新中国 70 年实现伟大跨越的历史轨迹，去分析中国道路理性选择的自觉自信，去展望中华民族伟大复兴的伟大梦想，去探索通过不懈奋斗走向光辉彼岸的现实路径，剖析中国方案，总结中国经验，坚定中国道

---

① 王国轩译注：《大学·中庸》，中华书局 2006 年版，第 9 页。

路，挖掘中国智慧，这不仅对中国人民实现伟大梦想具有历史意义，而且对其他国家探索符合本国国情的现代化道路具有世界意义。正是基于这样的目的，我们组织中共中央党校（国家行政学院）、中央党史和文献研究院、求是杂志社、著名高等院校具有相关研究和造诣深厚的专家学者，编写了《跨越（1949—2019）》四部曲——《历史的轨迹》《理性的选择》《伟大的梦想》《不懈的奋斗》，作为理论工作者，以自己的绵薄之力做一点事情，为庆祝中华人民共和国70周年华诞献礼，以不辜负这个伟大的时代。

（一）伟大跨越的历史轨迹

《周易》有言："生生之谓易。"然而，由于历史上文化保守主义的流行，人们对传统的尊重渐渐演变成了厚古薄今的复古心态，"一仍旧贯"被认为是一种美德，而"改革创新"往往被斥为"离经叛道"。昔日"苟日新，日日新"的革故鼎新的创新意识，被"天不变，道亦不变"、墨守成规的保守文化所替代，形成因循守旧、故步自封的国民性格。曾经历史悠久的辉煌古国，一步步沦落到处于风雨飘摇的危险境地，积贫积弱，以割地赔款、丧权辱国、任人宰割的悲惨局面跨入了近代。

"穷则思变"，为了挽救民族危亡、实现国家独立和富强，中国人曾经选择过各种各样的主义，进行过各种各样的斗争，包括洋务运动、维新变法、旧式民主革命等，最终都没有能够解决问题。正如毛泽东所说："从一八四〇年的鸦片战争到一九一九年的五四运动的前夜，共计七十多年中，中国人没有什么思想武器可以抵御帝国主义。"[①]新文化运动，特别是五四运动，在中国知识界引起了空前的思想解放。这次思想解放冲破了封建罗网，使中国人民从封建专制主义思想的禁锢下解放了出来，打破了中国人民对西方的迷信和对帝国主义的幻想。

---

① 毛泽东：《唯心历史观的破产》，《毛泽东选集》第4卷，人民出版社1991年版，第1513—1514页。

"十月革命一声炮响，给我们送来了马克思列宁主义。十月革命帮助了全世界的也帮助了中国的先进分子，用无产阶级的宇宙观作为观察国家命运的工具，重新考虑自己的问题。走俄国人的路——这就是结论。"① 正如毛泽东所说："一九一七年的俄国革命唤醒了中国人，中国人学得了一样新的东西，这就是马克思列宁主义。……从此以后，中国改换了方向。"② 中国一代青年马克思主义者如雨后春笋苗壮成长，伟大的中国共产党诞生了，从此中国革命有了主心骨。在中国共产党成立以后二十多年的历史中，我们的革命事业取得了巨大成功，但同时由于教条主义的滋长，革命事业也经历了巨大的挫折和严重的失败。"左"的和右的错误，特别是"左"倾冒险主义，不但使我们的革命根据地丧失 90%，而且几乎把中国革命推向了绝境。以毛泽东同志为主要代表的中国共产党人，批判教条主义，纠正了"左"倾错误，坚持把马克思主义基本原理同中国革命的实际相结合，走出了一条"农村包围城市，武装夺取政权"的革命道路，成功解决了中国的革命问题，并建立了中华人民共和国，中国人民从此站起来了！

新中国成立之后，如何建设社会主义是摆在中国共产党人面前的一大考验。世界上第一个社会主义国家已经建立，以苏联为"向前发展的活榜样"，按照苏联的模式进行社会主义建设，理所当然成了我们的不二选择。但是，照抄照搬苏联模式的弊端逐渐显现，毛泽东尖锐地提出了"以苏为鉴"的问题："他们走过的弯路，你还想走？过去我们就是鉴于他们的经验教训，少走了一些弯路，现在当然更要引以为戒。"③ 在这样的背景下，毛泽东分别于 1956 年、1957 年发表了《论十大关系》和《关于正确处理人民内部矛盾的问题》，中国共产党坚持解放思想，开启了探索适合中国国情的

① 毛泽东：《论人民民主专政》，《毛泽东选集》第 4 卷，人民出版社 1991 年版，第 1471 页。
② 毛泽东：《唯心历史观的破产》，《毛泽东选集》第 4 卷，人民出版社 1991 年版，第 1514 页。
③ 毛泽东：《论十大关系》，《毛泽东文集》第 7 卷，人民出版社 1999 年版，第 23 页。

社会主义建设道路的历史先河。

新中国成立初期，由于我们对社会主义认识上的局限，对中国国情把握的偏差，对社会主义建设规律认识不足，"左"的思想不断滋长，造成了社会主义建设的一些失误。尤其是"文化大革命"期间，林彪、"四人帮"反革命集团大搞禁区、禁令，制造迷信，严重束缚了人们的思想，导致整个国家极度混乱，整个国民经济濒临崩溃边缘，几乎葬送了中国社会主义的前途。1978年，关于真理标准问题的讨论成了一场伟大的思想解放运动，它冲破了"两个凡是"和个人崇拜的思想禁锢，实现了思想路线、政治路线和组织路线的拨乱反正，重新确立了"解放思想、实事求是"的思想路线，将党的工作重心从"以阶级斗争为纲"转移到社会主义现代化建设上来，吹响了中国改革开放的号角！

正是在坚持"走自己的路"的自觉自信中，我们解放思想、实事求是，大胆地试、勇敢地改，干出了一片新天地，使中国大踏步地赶上了时代。党的十九大报告指出："改革开放之初，我们党发出了走自己的路、建设中国特色社会主义的伟大号召。从那时以来，我们党团结带领全国各族人民不懈奋斗，推动我国经济实力、科技实力、国防实力、综合国力进入世界前列，推动我国国际地位实现前所未有的提升，党的面貌、国家的面貌、人民的面貌、军队的面貌、中华民族的面貌发生了前所未有的变化，中华民族正以崭新姿态屹立于世界的东方。"

（二）走自己的路的理性选择

从事实判断的角度来看，中国道路已经成功，这个事实不能否认，也否认不了。我国改革开放40年来所取得的巨大成就不仅令国人振奋，也让世界瞩目。既然中国道路已经取得了成功，中国道路的成功密码就亟须破解。我国40年改革开放所取得的辉煌成就，已经证实中国道路是行得通的。但是，中国道路为什么行？这个问题不仅国际社会想知道答案，而且我们自己也迫切需要回答。中国道路的成功因素固然有很多，既有偶然性因素和机遇性条件，也有必然性要素和规律性原因，但是最根本的原因在于：我们基于社会主义的工具理性、价值理性和实践理性，突破了各种教条主义和经验主义的迷信和禁锢，坚定了社会主义现代化的自觉自信，做出了走自己的路的伟大抉择。习近平总书记在庆祝改革开放 40 周年大会上的讲话中指出："在中国这样一个有着 5000 多年文明史、13 亿多人口的大国推进改革发展，没有可以奉为金科玉律的教科书，也没有可以对中国人民颐指气使的教师爷。鲁迅先生说过：'什么是路？就是从没路的地方践踏出来的，从只有荆棘的地方开辟出来的。'中国特色社会主义道路是当代中国大踏步赶上时代、引领时代发展的康庄大道，必须毫不动摇走下去。"

1. 我们根据价值理性，坚持人民至上，走出了中国道路，创造了中国奇迹

在发展的现实实践中，世界上其他国家也走过了大致相似的发展道路，最初总是从工具理性的角度来考虑"怎么才能够发展得更快"以取得更大的发展成就，而往往忽视对价值理性的追问，即思考"为什么要发展"这个根本问题。可以说，现在所遇到的所有发展问题，包括全球性问题、生态问题、和平问题、贫困问题等，其根源主要在于人们对于发展价值的曲解和无视。胡塞尔在《欧洲科学危机和超验现象学》中指出："在 19 世纪后半叶，现代人让自己的整个世界观受实证科学支配，并迷惑于实证科学所造就的'繁荣'。这种独特现象意味着，现代人漫不经心地抹去了那些对于真正的人来说至关重要的问题。只见事实的科学造就了只见事实的人。"[①]人们在对工具理性的追求中忽视了对价值理性的追问。从客观上来讲，这样的发展短期看来确实对于解决人类物质性的需要具有一定的意义，但是如果把它当成终

---

① 埃德蒙德·胡塞尔著，张庆熊译：《欧洲科学危机和超验现象学》，上海译文出版社 2005 年版，第 7 页。

极目的，那么就必然会带来各种各样的陷阱、各种各样的赤字，例如和平赤字、发展赤字、公平赤字等。坚持人民至上和以人民为中心的发展理念，是中国共产党人谋划和推动中国特色社会主义伟大事业的价值指向，这也就决定了中国道路遵从价值理性，因而确保了发展方向的正确。

2. 我们根据辩证逻辑，选择工具理性，走出了中国道路，创造了中国奇迹

马克思主义的革命性在于它把唯物辩证法作为根本方法，不把任何现存事物看成是永恒的、神圣的、不可侵犯的东西，不对任何迷信和谬误让步。有人曾经认为，西方文明是世界上最好的文明，西方的现代化道路是唯一可行的发展"范式"，西方的民主制度是唯一科学的政治模式。但是，经济持续快速发展、人民生活水平不断提高、综合国力大幅提升的"中国道路"，廓清了这些违背唯物辩证法"独断论"的迷雾。古人云："理一分殊。"中国经验证明，每个国家、每个民族由于历史文化传统不同，所处的历史发展阶段不同，面临的形势和问题不同，人民群众的需要和要求不同，它们实现发展、造福人民的具体道路当然可以不同，而且必须不同。只要坚守追求国家发展和人民幸福的"道"不变，每一个国家和民族的具体道路、方略和方法不能定于一尊，必须因时而异、因地制宜、因势而变，适合的才是最好的。

3. 我们根据实践理性，坚持不懈奋斗，走出了中国道路，创造了中国奇迹

马克思主义立足于改造世界，具有实践性的理论品格，要求坚持实践第一，保持不懈奋斗的精神。马克思主义哲学不是远离社会生活和脱离社会实践的书斋理论，而是深深地植根于实践、服务于实践又在实践中不断发展的活生生的理论。它在指导无产阶级革命实践的过程中实现自己的历史使命，又在这种实践的过程中使自身不断经受检验，获得丰富和发展。中国共产党人坚持唯物论，牢牢把握我国发展的阶段性特征，科学判断我国所处的历史方位；坚持价值论，牢牢把握人民群众对美好生活的向往，

科学判断发展的价值理性；坚持解放思想，实事求是，一切从实际出发，根据中国特色社会主义的总依据，指向中国特色社会主义的总目标，提出新的思路、战略和举措，绘制实现伟大梦想的宏伟蓝图。根据"中国特色社会主义进入了新时代"的科学判断，党的十九大报告指出"我国社会主要矛盾已经转化为人民日益增长的美好生活需要和不平衡不充分的发展之间的矛盾"。我国社会主要矛盾的变化是关系全局的历史性变化，这对党和国家工作提出了许多新要求。我们要在继续推动发展的基础上，着力解决好发展不平衡不充分问题，大力提升发展质量和效益，更好满足人民在经济、政治、文化、社会、生态等方面日益增长的需要，更好推动人的全面发展、社会的全面进步。我们党站在新的历史起点上，面对前进道路上的各种艰难险阻，凝聚全国各族人民的智慧和力量，团结带领全国各族人民以敢于斗争的精神状态，在坚持和发展中国特色社会主义的历史进程中攻坚克难，为建设富强民主文明和谐美丽的社会主义现代化强国、实现中华民族伟大复兴而顽强奋斗、艰苦奋斗、不懈奋斗。正是这种基于科学性和价值性相统一基础上的实践性，我们走出了中国道路，成就了伟大的中国奇迹。

《周易》有言："形而上者谓之道，形而下者谓之器。"揭示中国道路的成功密码，就是问"道"中国道路，也就是挖掘中国道路之中蕴含的中国智慧。这个"道"不是一个具体的手段、具体的方法和具体的方略，而是可以为每个国家和民族选择"行道"之"器"提供必须坚守的价值和基本原则。这个"道"是具有共通性的普遍智慧，可以启发其他国家和民族据此选择适合自己的发展道路，因而它具有世界意义。

（三）凝聚力量的伟大梦想

共同理想是鼓舞中华民族奋力前行、开创美好未来的精神力量。理想，是人们对美好未来的向往和追求，是人们的奋斗目标和精神支柱，也是激励人们奋发进取的强大动力。中国特色社会主义共同理想，就是在中国共产党领导下，中国人民实现社会主义现代化和中华民族伟大复兴的中国梦。

党的十八大以来，以习近平同志为核心的党中央提出实现中华民族伟大复兴中国梦的重大命题，在国内外引起强烈反响。实现"两个一百年"奋斗目标和中华民族伟大复兴的中国梦，已成为全党全国各族人民的共同心愿，成为凝聚海内外中华儿女团结奋斗的精神旗帜。我们历经革命、建设和改革，在解决了"站起来"和"富起来"的时代课题的基础上，"强起来"的时代课题已经摆在了中华民族、中国人民和中国共产党人的面前。我们前所未有地接近世界舞台中央，前所未有地接近实现中华民族伟大复兴的目标，前所未有地具有实现这个目标的能力和信心。

我们怎么实现中国梦？需要我们通过共同的理想信念树起一座精神灯塔，指引全国各族人民不为任何风险所惧，不为任何干扰所惑，更好地投身改革开放和社会主义现代化建设，不断夺取中国特色社会主义事业新胜利。我们共产党人要承担历史使命，就是团结带领全国各族人民把力量凝聚起来，不断坚持和完善中国特色社会主义，为了实现中华民族伟大复兴而共同奋斗，这就是我们始终要牢记的政治方向。

习近平总书记指出："人民立场是中国共产党的根本政治立场，是马克思主义政党区别于其他政党的显著标志。党与人民风雨同舟、生死与共，始终保持血肉联系，是党战胜一切困难和风险的根本保证，正所谓'得众则得国，失众则失国'。"[1]来自人民、植根人民、服务人民，是我们党永远

---

[1] 习近平：《在庆祝中国共产党成立95周年大会上的讲话》，《人民日报》2016年7月2日。

立于不败之地的根本所在。来自人民，回答了来自谁的问题，反映了党的本质属性；植根人民，回答了依靠谁的问题，揭示了党的动力之源；服务人民，回答了为了谁的问题，宣告了党的奋斗宗旨。实现中华民族伟大复兴，是近代以来中华民族最伟大的梦想。中国梦是国家的、民族的，也是每一个中国人的。国家好、民族好，大家才会好。只有每个人都为美好梦想而奋斗，才能汇聚起实现中国梦的磅礴力量。人民是历史的主人，中国特色社会主义事业是亿万人民自己的事业。坚持发展为了人民、发展依靠人民、发展成果由人民共享，我们党才能始终赢得广大人民的拥护、支持和爱戴，党领导的中国特色社会主义道路才能越走越宽广。

中国这么大一个国家，每个人都是中国梦的参与者、书写者，都是实现中国梦的重要成员。习近平总书记在第十二届全国人民代表大会第一次会议上的讲话中指出："中国梦归根到底是人民的梦，必须紧紧依靠人民来实现，必须不断为人民造福。""只要我们紧密团结，万众一心，为实现共同梦想而奋斗，实现梦想的力量就无比强大，我们每个人为实现自己梦想的努力就拥有广阔的空间。生活在我们伟大祖国和伟大时代的中国人民，共同享有人生出彩的机会，共同享有梦想成真的机会，共同享有同祖国和时代一起成长与进步的机会。"[①]

我们在实现中华民族伟大复兴的中国梦这个根本政治问题上要有坚定的战略定力。什么是战略定力？就是我们要牢记历史使命，我们所有行动都以这个梦想实现作为判断标准，不要为任何风险所惧，也不要为任何干扰所惑，不要为眼前利益蒙蔽双眼，也不能为民族主义情绪所左右。凡是有利于实现这个梦想的事情我们坚决要做，凡是不利于实现这个梦想的事情我们坚决不做。

---

① 习近平：《在第十二届全国人民代表大会第一次会议上的讲话》，《人民日报》2013 年 3 月 18 日。

党的十八大以来，党中央围绕实现中华民族伟大复兴的中国梦这一总体战略目标，在经济、政治、文化、社会、生态、党的建设以及外交国防等方面进行一系列的战略部署和战略实践，形成了实现中国梦的系统战略路线图。新形势下，不管是协调推进"四个全面"战略布局还是践行新发展理念，不管是啃下深化改革的硬骨头还是打赢扶贫脱贫、供给侧结构性改革等攻坚战，都要求从政治上考量，在大局下行动，围绕核心聚力，向党中央看齐。只有解决好世界观、人生观、价值观这个"总开关"问题，以信仰的力量凝聚意志和共识，同时以铁一般纪律凝聚力量和统一行动，心往一处想，劲往一处使，中国共产党才能够带领人民群众应对具有许多新的历史特点的伟大斗争，更好地坚持和发展中国特色社会主义伟大事业，从而担负起实现中华民族伟大复兴的神圣使命。

（四）在不懈奋斗中驶向彼岸

党的十九大报告指出："行百里者半九十。中华民族伟大复兴，绝不是轻轻松松、敲锣打鼓就能实现的。全党必须准备付出更为艰巨、更为艰苦的努力。"实现伟大梦想，我们必须以永不懈怠的精神状态进行伟大斗争，在不懈奋斗中胜利驶向光辉的彼岸。

实践发展永无止境，矛盾无止境，问题无止境。毛泽东指出："什么叫问题？问题就是事物的矛盾。哪里有没有解决的矛盾，哪里就有问题。"[①]社会是在矛盾运动中前进的，有矛盾就会有斗争。习近平总书记指出："我们党领导人民干革命、搞建设、抓改革，从来都是为了解决中国的现实问题。"[②]强烈的问题意识贯穿于我国革命、建设和改革的全部实践，成为推动党和国家事业发展的不竭动力。

---

① 毛泽东：《反对党八股》，《毛泽东选集》第 3 卷，人民出版社 1991 年版，第 839 页。
② 习近平：《坚持运用辩证唯物主义世界观方法论　提高解决我国改革发展基本问题本领》，《人民日报》2015 年 1 月 25 日。

就当前中国的现实而言，现在，我们已经站在一个新的历史起点上，正在进行具有许多新的历史特点的伟大斗争，面临的矛盾和挑战也前所未有。当今世界格局正在进行深度调整，综合国力竞争日趋激烈，我们面临的经济安全、政治安全、文化安全、军事安全、网络安全问题更加突出，维护和拓展国家战略利益的任务更加艰巨。当代中国正处于爬坡过坎的紧要关口，进入发展关键期、改革攻坚期、矛盾凸显期，许多问题相互交织、叠加呈现。如果没有强烈的问题意识，就不能有效破解改革和发展过程中的各种难题，中国特色社会主义事业就难以推进。因此，我们党要在直面问题、分析问题和解决问题的过程中，团结带领人民有效应对重大挑战、抵御重大风险、克服重大阻力、解决重大矛盾。这就必须进行具有许多新的历史特点的伟大斗争，任何贪图享受、消极懈怠、回避矛盾的思想和行为都是错误的。全党要充分认识这场伟大斗争的长期性、复杂性、艰巨性，发扬斗争精神，提高斗争本领，不断夺取伟大斗争新胜利。

中华民族伟大复兴的中国梦是全体中国人民的梦，进行具有许多新的历史特点的伟大斗争，坚持和发展中国特色社会主义伟大事业，必须团结带领人民、紧紧依靠人民来完成。历史一再证明，中国这样一个大国，最怕的就是一盘散沙、四分五裂。而能够把中国各地区、各民族十几亿人的力量凝聚起来，除了中国共产党，没有任何一个政治组织具有这样的条件和能力。近百年来的实践证明，无论遇到什么样的风险、危机和艰难险阻，我们党都能带领人民战胜它们，不断从胜利走向胜利。坚持中国共产党的领导永不动摇，根本原因在于"办好中国的事情，关键在党"①。正如党的十九大报告所指出的："中国特色社会主义最本质的特征是中国共产党领导，中国特色社会主义制度的最大优势是中国共产党领导，党是最高政治

---

① 习近平：《在庆祝改革开放 40 周年大会上的讲话》，《人民日报》2018 年 12 月 19 日。

领导力量，提出新时代党的建设总要求，突出政治建设在党的建设中的重要地位。"坚持和完善党的领导，是党和国家的根本所在、命脉所在，是全国各族人民的利益所在、幸福所在。

"打铁必须自身硬。"中国共产党承担着带领中国广大人民群众实现民族复兴的伟大历史使命，要应对具有许多新的历史特点的伟大斗争，面临的挑战很严峻，责任很重大，使命很光荣，需要自身更加坚强有力，必须全面从严治党，保持党的先进性和纯洁性，着力提高执政能力和领导水平，着力增强抵御风险和拒腐防变能力，不断把党的建设新的伟大工程推向前进。正如党的十九大报告所指出的："伟大的事业必须有坚强的党来领导。只要我们党把自身建设好、建设强，确保党始终同人民想在一起、干在一起，就一定能够引领承载着中国人民伟大梦想的航船破浪前进，胜利驶向光辉的彼岸！"

全党全国各族人民、海内外中华儿女，要手拉手、肩并肩，凝聚起近14亿中国人民的磅礴力量，高高扬起中国航船的风帆，登高望远、居安思危，勇于变革、勇于创新，永不僵化、永不停滞，以永不懈怠的精神状态和一往无前的奋斗姿态，继续朝着实现中华民族伟大复兴的宏伟目标奋勇前进，齐心协力走向中华民族伟大复兴的光明前景！

中央党校（国家行政学院）哲学部副主任、教授、博士生导师　董振华

2019 年 2 月

◀ 目　录

第一章

理论品格：
马克思主义的革命性

马克思、恩格斯创立马克思主义，旨在为实现人类解放而不断革命和不懈奋斗提供科学理论指南。正如恩格斯所指出的："马克思首先是一个革命家。他毕生的真正使命，就是以这种或那种方式参加推翻资本主义社会及其所建立的国家设施的事业，参加现代无产阶级的解放事业，正是他第一次使现代无产阶级意识到自身的地位和需要，意识到自身解放的条件。斗争是他的生命要素。很少有人像他那样满腔热情、坚韧不拔和卓有成效地进行斗争。"① 马克思的一生，是胸怀崇高理想、为人类解放不懈奋斗的一生。马克思主义的人民性、实践性和革命性，就决定了马克思主义者初心不改、矢志不渝，为人类解放的崇高理想而不懈奋斗。不懈奋斗是马克思主义固有的理论品格。

一、奋斗品格源于马克思主义的人民性

"生命诚可贵，爱情价更高。若为自由故，二者皆可抛。"这是匈牙利著名诗人裴多菲《自由与爱情》中的诗句。这首诗用文学的方式为我们展示

① 恩格斯：《在马克思墓前的讲话》，《马克思恩格斯选集》第 3 卷，人民出版社 2012 年版，第 1003 页。

了信仰的真谛。不忘初心，方得始终。中国共产党的初心和使命，就是为中国人民谋幸福，为中华民族谋复兴。什么是初心？就是信仰和根本的价值追求。中国共产党人的信仰是马克思主义。正是基于这样的信仰，马克思主义天然具备为了人类解放不懈奋斗的理论品格。

（一）信仰的本质是对价值的最高追问

信仰的本质是价值问题，是对价值的最高追问。信仰从本质上来讲是思想认识问题。人们认识世界有两个方面：一是想搞清楚"是不是"的问题，这是事实判断；二是想搞清楚"该不该"的问题，这是价值判断。事实判断服从唯物论的原则，与人们的主观愿望没有关系，是按照客观标准和外在尺度认识世界；价值判断则是服从价值论的原则，同一个事实，不同的人甚至可以做出完全不同的价值判断，是按照主观标准和内在尺度来认识世界。事实判断旨在求真，价值判断旨在求善。

很显然，信仰不是事实判断，"天上有没有下雨"，这个问题不需要信仰来回答。信仰属于价值判断，但是，并不是所有的价值判断都是信仰问题。价值判断就是回答"该不该"的问题。所谓价值追问，就是对"该不该"或者"有没有意义"问题的追问。价值观也就是怎么看"该"或者"不该"、"有意义"或者"没有意义"。如果对价值的追问超越了生命价值的时候，那么这就上升为了信仰。例如，什么是拜金主义的价值观？就是把金钱作为判断"该"或者"不该"的标准，有钱就该，没有钱就不该。但是如果把这样的价值追问达到这样的地步——为了钱就可以不活，即超越了生命价值，这就上升到对金钱的信仰。再如，什么是自由的价值观？就是把自由作为判断"该"或者"不该"的标准，凡是符合自由的就是"该"的，凡是不符合自由的就是"不该的"，但是如果把这样的价值追问达到这样的地步——不自由毋宁死，这就不是普通的自由价值观了，而是上升到了对自由的信仰。

由此可见，为了信仰，是可以付出生命的。例如，"士可杀，不可辱"，这是对尊严的信仰。我们的革命先烈面对敌人的屠刀，大义凛然，这是对共产主义的崇高信仰。我们党的入党誓词的最后是："随时准备为党和人民牺牲一切，永不叛党。"这就是信仰。

信仰可以有很多种，但是总体上来说，根据追问价值通达信仰的不同方式，我们可以把诸多的信仰大致分为两类：理性的信仰和非理性的信仰。

非理性的信仰是排斥理性的，非理性的信仰不需要理由，是"因信而信"，信就信了，不信就不信。宗教信仰就属于这样的信仰。

理性的信仰恰恰是以理性作为根基，经过理性反思为真才信，是"因真而信"。马克思主义就是理性的信仰。有种说法，说中国人没有信仰。持有这种观点的人的问题就在于他们没有区分开不同的信仰，把宗教信仰当成了信仰的唯一形式。实际上，中国人即使没有宗教信仰，也能够为自己的生命找到安心立命的精神家园，例如中国人经常这么说，也会这么做，"如果这个事情我不做的话就对不起列祖列宗"，为此甚至可以付出生命，这就是对祖先的信仰。还有一种说法，说马克思主义是宗教。这种认识在于他们没有区分开不同的信仰，把信仰等同于宗教。因为马克思主义具有信仰的本质，就把马克思主义当作宗教，实质上二者是完全不同的两类信仰。

（二）马克思主义是科学的信仰

对马克思主义的信仰为什么是科学的和理性的？人的特性在于虽然生存于有限非要追问无限，虽然存在具有偶然性非要追问必然性，虽然生命是暂时的非要追问永恒，这就是终极关怀。也就是说，人类会立足于有限追求无限，有限的是现实生活，无限的是价值追求。那么，怎么通过有限的生命来通达无限的意义和价值呢？

从理论上来讲只有两种可能：第一，通过无限延长自己的生命来追求无限的意义和价值。这绝对不是一个理性主义者所能够给出的答案。因为理性的人都知道，无论一个人的生命有多久，总有大限来临的那一天。除非是借助非理性，我认为我就能。为什么？只要上帝能够救我，我就可以。请问上帝能够救你吗？能！为什么？不为什么，就是能，不需要理由，这就是宗教的信仰。第二，理性主义者的方案，承认生命有限，所以不去无谓地追求生命无限，而是追求生命的高度和宽度，也就是在有限的生命中追求无限的意义和价值。在这样的情况下，生命的长短已经不具备根本意义了。如果一个人的生命是有意义和有价值的，即使是短暂的，也是灿烂的和值得的。如果一个人的生命没有意义和价值，即使能够活得时间再长，那么也就失去了其生命的原有意义和价值！

马克思就是沿着这个思路为我们共产党人找到了信仰。1835 年 8 月，马克思中学毕业时写过一篇作文——《青年在选择职业时的考虑》。在这篇作文中，马克思用诗一样优美的语言，慷慨激昂地表达了十分崇高的人生价值追求："如果我们选择了最能为人类而工作的职业，那么，重担就不能把我们压倒，因为这是为大家作出的牺牲；那时我们所享受的就不是可怜的、有限的、自私的乐趣，我们的幸福将属于千百万人，我们的事业将悄然无声地存在下去，但是它会永远发挥作用，而面对我们的骨灰，高尚的人们将洒下热泪。"选择"最能为人类而工作"的职业，这样的人生才是有意义和有价值的，这样的生命才是值得的。

知识链接

马克思与《青年在选择职业时的考虑》

1835 年 8 月 12 日，就读于特里尔中学的马克思完成了他的中学毕业作文《青年在选择职业时的考虑》，发表了一些重要见解，表达了为人类服务的崇高理想。当时，马克思和他的同学就要毕业，面临着升学和就业的问题，大家都在考虑自己的前途。有的人希望成为诗人、科学家或哲学家，献身文艺和学术事业；有的人打算当教士或牧师，幻想天堂的幸福；有的人则羡慕资产者的豪华生活，把舒适享乐作为自己的理想。总之，他们从利己主义出发，以个人幸福作为选择职业的标准。马克思与其他同学的想法不同，他没有考虑选择哪种具体职业，而是把这个问题提高到对社会的认识和对生活的态度上加以考虑和回答。马克思认为，"在选择职业时，我们应该遵循的主要指针是人类的幸福和我们自身的完美"，并做出了"选择了最能为人类而工作的职业"的高尚追求的选择。在漫长的斗争岁月中，他始终不渝地忠实于少年时代的誓言。他的一生，就是为人类服务的最光辉的榜样。阅卷老师批阅后，评论道："思想丰富，精彩有力，值得赞许。"校长威登巴赫读后也赞扬："此文以思想丰富和结构严谨而引人注目。"这年，马克思只有 17 岁，在这样一个充满梦想和希望的年龄，他对自己的人生、未来进行了深入的思考、规划和设计。他以优美的文笔、深刻的语言、缜密的思考、严格的推理，使人振奋，给人以振聋发聩的力量。

马克思所倡导的价值追求到底是不是理性的和科学的，值得我们信仰的呢？让我们借用海德格尔的一个理念"向死而在"，从生命的终极意义上来追问一下吧：生命的本质实际上是一个有限的过程，不要去追求那个最终的结果，因为最终的结果都是走向无限的虚无，即死亡。我们只有面对无限才能思考和规划如何安排好自己有限的生命过程，才能够反向思考我们今天该不该这样活着。

假设我们要面对死亡了，应该回顾一下自己的一生，感到我们的生命是有意义和价值的，我们的选择是无悔的。如果让我们再重新度过一生的话，我们还会这么过。请问这个理由是什么？理由可以有很多，但是这些真正的理由都不可能建立在世俗的基础之上，因为这个时候世俗的东西已经没有意义了。既然生命的本质是一个过程，那么，有意义的生命在于过程的精彩。什么样的生命过程才是精彩的呢？马克思在《青年在选择职业时的考虑》中告诉我们："尊严是最能使人高尚、使他的活动和他的一切努力具有更加崇高品质的东西，是使他无可非议、受到众人钦佩并高出于众人之上的东西。"也就是说，一个人应该有尊严地度过自己一生，有尊严的生命才是值得的，才是精彩的，才是有意义和有价值的。对于没有尊严的生命过程而言，好像每一分钟的延续都是耻辱。什么样的生命过程才是有尊严的呢？马克思说，因为你的生命得到了人们的尊重，达到了崇高。为什么会得到人们的尊重呢？马克思的回答是：因为你选择了最能为人类而工作的职业。这样的生命价值追求难道不是具有理性的基础和道义的力量吗?!

什么是主义呢？笔者认为，"主义"就是核心的价值追求。什么是马克思主义呢？就是马克思主义的创始人所倡导的、被共产党人所遵循的价值和灵魂，即造福人民和为绝大多数人谋福利，作为核心价值追求。如果为了这样的价值追求可以献出生命，那么这就是对马克思主义的信仰。

（三）在不懈奋斗中坚守共产党人的信仰

"马克思主义"这个概念，我们往往会在不同的层次上来使用。比如说，马克思主义分为三个组成部分，即马克思主义哲学、马克思主义政治经济学和科学社会主义，这里是指马克思主义理论体系。再比如说，我们所从事的事业是伟大的事业，因为这是造福人民的马克思主义事业，这里是指马克思主义的实践运动。还比如说，我们是坚定的马克思主义者，这里是指把这个"主义"当成信仰的人。

无论是马克思主义的理论体系，还是实践运动，里面都贯穿着一个灵魂，就是马克思主义的核心价值追求，这就是马克思主义的"道"。王夫之说："道不离器。"马克思主义的"道"，就在马克思主义的理论、实践运动中。马克思主义的根本特点在于它的实践性，而不仅仅是空谈"主义"。离开马克思主义的理论、实践运动，也就离开了其核心价值的追求。所谓"大道之行也"，"道"是用来"行"的，不"行"就没有"道"。

马克思主义的"道"就在马克思主义的理论表达、实践运动中，就在每一个信仰马克思主义的人的身上。实现马克思主义这一价值追求必须坚持社会主义道路。

中国特色社会主义道路就是实现造福人民的马克思主义价值追求的中国道路。新时代中国特色社会主义就是 21 世纪中国马克思主义的价值实现形态，就是造福人民的具体实践和现实运动。正如习近平总书记在庆祝中国共产党成立 95 周年大会上所指出的："中国特色社会主义是不是好，要看事实，要看中国人民的判断，而不是看那些戴着有色眼镜的人的主观臆断。中国共产党人和中国人民完全有信心为人类对更好社会制度的探索提供中国方案。"正是基于对中国特色社会主义的自信和价值认同，我们把全国十几亿人的力量凝聚起来，为中华民族伟大复兴的中国梦而共同奋斗，不断创造着"中国奇迹"，带领人民不断创造美好生活。

正如习近平总书记在纪念马克思诞辰 200 周年大会上的讲话中所指出的："马克思主义是人民的理论，第一次创立了人民实现自身解放的思想体系。马克思主义博大精深，归根到底就是一句话，为人类求解放。在马克思之前，社会上占统治地位的理论都是为统治阶级服务的。马克思主义第一次站在人民的立场探求人类自由解放的道路，以科学的理论为最终建立一个没有压迫、没有剥削、人人平等、人人自由的理想社会指明了方向。马克思主义之所以具有跨越国度、跨越时代的影响力，就是因为它植根人民之中，指明了依靠人民推动历史前进的人间正道。"马克思主义的人民性，决定了马克思主义是以人民实现自身解放作为核心价值追求的思想体系，是为求得人类解放而不懈奋斗的行动指南，这也就决定了马克思主义具有不懈奋斗的理论品格。

二、奋斗品格源于马克思主义的实践性

习近平总书记在纪念马克思诞辰 200 周年大会上的讲话中指出："马克思主义是实践的理论，指引着人民改造世界的行动。马克思说，'全部社会生活在本质上是实践的'，'哲学家们只是用不同的方式解释世界，问题在于改变世界'。实践的观点、生活的观点是马克思主义认识论的基本观点，实践性是马克思主义理论区别于其他理论的显著特征。马克思主义不是书斋里的学问，而是为了改变人民历史命运而创立的，是在人民求解放的实践中形成的，也是在人民求解放的实践中丰富和发展的，为人民认识世界、改造世界提供了强大精神力量。"实践性是马克思主义实现哲学革命的逻辑起点，也是马克思主义固有的理论品格，在实践基础上的理论创新，是保持马克思主义生命力的根本途径。马克思主义的实践性特点，就决定了不懈奋斗是马克思主义的理论特质。

（一）实践性决定马克思主义重在改造世界

实践的观点是马克思主义哲学首要的、基本的观点。我们知道，哲学是在人类实践活动的基础上产生的，其产生以后对实践也具有能动作用，即改变世界的作用。但马克思之前的哲学家们都是轻视实践、脱离实践的。哲学历来只是书斋里和学院里的学问，那些哲学家们不重视哲学的实践意义，不把哲学自觉地用来指导自己的实践活动。马克思和恩格斯自称为"实践的唯物主义者"，以区别于脱离实践的、停留于理论的旧唯物主义者，因此，他们的哲学也可称为"实践的唯物主义"。显然，实践性确实是马克思主义哲学区别于其他哲学的基本特点之一。因此，马克思主义哲学不是远离社会生活和脱离社会实践的书斋理论，而是深深地植根于实践、服务于实践又在实践中不断发展的活生生的理论。

马克思主义在指导无产阶级革命实践的过程中实现自己的历史使命，又在这种实践的过程中使自身不断经受检验，获得丰富和发展。也正是在这个意义上，马克思、恩格斯多次指出，他们的理论不是教条，而是行动的指南；对他们理论中一般原理的实际运用，"随时随地都要以当时的历史条件为转移"[①]。列宁也指出，马克思的理论所提供的只是一般的指导原理，而这些原理在各国的具体应用是各不相同的。马克思主义经典作家的这些论述告诉我们，他们的学说始终严格地以客观事实为根据。马克思主义的这种实践性特点，从根本上决定了它与社会现实生活、与广大人民群众的社会实践以及与具体的时代条件的紧密联系，决定了它不竭的创造活力和蓬勃生机。

（二）在实践基础上实现马克思哲学革命

马克思主义哲学在实践范畴的基础上实现了哲学的革命。马克思主义哲学的革命性变革是基于对西方哲学传统的形而上学缺陷的扬弃。西方哲

[①] 马克思、恩格斯：《共产党宣言》，《马克思恩格斯选集》第1卷，人民出版社2012年版，第376页。

学起源于古希腊哲学对世界的二元分立以及非此即彼的思维方式，即二值逻辑的传统。根据柏拉图的理念论，经验世界是感性的、变化的、不真实的世界，理念世界是超感性的、不变的、真实的世界。这就造成了经验世界与理念世界之间、经验事实与理念价值之间的矛盾。

这些矛盾一直贯穿着马克思之前的整个西方哲学发展史。他们根据二值逻辑的思维方式，在此岸的经验世界和彼岸的理念世界之间划了一道鸿沟，二者永远不能逾越。执着于此岸的哲学只承认经验，认为经验之外没有真理。执着于彼岸的哲学只承认理念，认为理念之外都是假象。这就导致了西方哲学史上的两个相互对立的认识论流派：经验论和唯理论。事实和价值的矛盾在认识论范围内就成了二值逻辑自身根本无法解决的内在矛盾。笛卡儿和康德都试图解决这一问题，但是由于他们并没有找到能够沟通事实与价值之间的桥梁，最终走向了二元论。笛卡儿把世界划分为实体和心灵，但是如何解决二者之间的矛盾，最后不得不在实体和心灵之上搬出了上帝。康德看到了经验世界中有限与无限、自由与必然的矛盾，并把它们归结为人类认识活动无法解决的二律背反，最终希望通过实践解决上述矛盾。但康德的实践仅指道德实践，被分裂的现象界与物自体之间的矛盾仍然被搁置。

马克思正是引入了作为感性活动的实践范畴，在事实和价值之间构建了一个彼此沟通的桥梁，从而在根本上解决了一直困扰西方哲学的难题，实现了哲学的革命。实践作为一种合规律性与合目的性相统一的人类社会活动，就是一个从此岸走向彼岸、从事实走向价值、从经验走向理念的主体性活动，是通过对"实有"的物质性否定走向对"应有"的物质性肯定的过程，其内在蕴含着马克思主义的科学性和价值性的统一，实现了"真"和"善"的实践性统一。

（三）马克思主义实践本质决定了知行合一

实践性本质特点决定了马克思主义理论必须同实践相统一。脱离了实践的理论是空洞的理论，脱离了理论的实践是盲目的实践。理论是从实践中产生的，理论是否正确还要接受实践检验并要在实践中得到丰富和发展；同时，理论只有与实际紧密联系，才能发挥对实践的指导作用，实现自身的价值和意义。

理论如果脱离了实际，就会成为僵化的教条，就会失去其生命力。理论家如果脱离了社会实践，只是从书本上来到书本上去，就会成为空洞的理论家，而不可能成为党和人民所需要的实际理论家。党和人民希望我们的理论工作者，能够对当今中国和世界的经济、政治、文化、社会等领域的重大问题给予科学的理论说明，能够提供解决问题的正确方案。例如，对待马克思主义经典著作和世界社会主义运动的历史经验，要坚持学习和运用，但绝不能脱离中国具体实际而盲目照抄照搬。马克思主义为我们的革命、建设和改革的实践指明了方向，但是并没有也不可能提供具体的解决我国现实问题的方案，因此，我们必须把马克思主义的一般原理和我国的具体实际相结合，不断把马克思主义中国化、时代化和大众化。

中国共产党是高度重视理论指导、不断推进马克思主义中国化、善于进行理论创新的党。这里所说的马克思主义中国化，就是把马克思主义基本原理同中国具体实际和时代特征结合起来，运用马克思主义的立场、观点、方法研究和解决中国革命、建设、改革中的实际问题，坚持和发展马克思主义。中国特色社会主义要前进，社会主义现代化建设要加快，我们就不能把书本上的个别论断当作束缚自己思想和手脚的教条，而要适应国内外形势新变化、顺应人民新期待，大胆探索，勇于开拓，积极吸收和借鉴人类社会创造的一切文明成果，坚决破除一切妨碍科学发展的思想观念和体制机制弊端，在理论和实践相统一的基础上不断进行理论创新和实践创新，在理论创新和实践创新的互动中不断开创中国特色社会主义事业新局面。

实践发展永无止境，认识真理永无止境，理论创新永无止境。党和人民的实践是不断前进的，指导这种实践的理论也要不断前进。正如习近平总书记在纪念马克思诞辰200周年大会上的讲话中所指出的："理论的生命力在于不断创新，推动马克思主义不断发展是中国共产党人的神圣职责。我们要坚持用马克思主义观察时代、解读时代、引领时代，用鲜活丰富的当代中国实践来推动马克思主义发展，用宽广视野吸收人类创造的一切优秀文明成果，坚持在改革中守正出新、不断超越自己，在开放中博采众长、不断完善自己，不断深化对共产党执政规律、社会主义建设规律、人类社会发展规律的认识，不断开辟当代中国马克思主义、21世纪马克思主义新境界！"

三、奋斗品格源于马克思主义的革命性

习近平总书记在纪念马克思诞辰200周年大会上的讲话中指出："马克思主义是不断发展的开放的理论，始终站在时代前沿。马克思一再告诫人们，马克思主义理论不是教条，而是行动指南，必须随着实践的变化而发展。一部马克思主义发展史就是马克思、恩格斯以及他们的后继者们不断根据时代、实践、认识发展而发展的历史，是不断吸收人类历史上一切优秀思想文化成果丰富自己的历史。因此，马克思主义能够永葆其美妙之青春，不断探索时代发展提出的新课题、回应人类社会面临的新挑战。"开放

性是马克思主义固有的理论品格，唯物辩证法的革命性和批判性要求马克思主义必须保持开放性的理论品格，革命性、批判性是马克思主义开放性的内在动力，也就是说，革命性是马克思主义的固有属性。在实践基础上的理论创新，在自我革命中不断推动社会革命，是保持马克思主义开放性理论品格的根本途径，是坚持和发展中国特色社会主义的思想引领，用发展的马克思主义指导新的实践，也是我们在具有许多新的历史特点的伟大斗争中赢得胜利的必然要求。

（一）革命性、批判性是马克思主义开放性的内在动力

马克思主义具有在实践中不断自我更新、自我完善的理论品质，也就是说，马克思主义是发展的。马克思主义的一些具体结论是依时间、环境、条件的变化为转移，随着时代和实践的发展变化，用符合新的实际的结论取代旧的过时的结论。马克思主义哲学是马克思主义全部理论的基础，马克思主义哲学的本质特征是实践性与在实践基础上的科学性和革命性的统一。实践性决定了马克思主义必然随着人类社会的发展、科学技术进步而不断发展，实践性也决定了马克思主义哲学的科学性和革命性。

唯物辩证法的革命性和批判性要求马克思主义必须保持开放性的理论品格。马克思主义哲学的革命性在于它不把任何现存事物看成是永恒的、神圣而不可侵犯的东西，不对任何迷信和谬误让步。马克思在《资本论》第二版跋中指出："辩证法，在其神秘形式上，成了德国的时髦东西，因为它似乎使现存事物显得光彩。辩证法，在其合理形态上，引起资产阶级及其空论主义的代言人的恼怒和恐怖，因为辩证法在对现存事物的肯定的理解中同时包含对现存事物的否定的理解，即对现存事物的必然灭亡的理解；辩证法对每一种既成的形式都是从不断的运动中，因而也是从它的暂时性方面去理解；辩证法不崇拜任何东西，按其本质来说，它是批判的和革命

的。"这段话精辟地阐明了马克思主义唯物辩证法革命的和批判的本质，因此说，革命性、批判性是马克思主义开放性的内在动力。因为这种革命性和批判性不仅仅是针对别的理论或别的事物的，而且还是指向自身的，要求马克思主义理论自身也要接受现实的批判和实践的检验，保持开放性，不断与时俱进，随着实践的发展而不断发展。

马克思主义的科学性是指它不仅仅是时代精神的体现，也是指随着社会历史的发展在自我完善中不断正确揭示与反映客观事物，这就要求马克思主义必须具有自我革命的理论品格。马克思主义反对用僵化的教条主义对待历史和生活实践。真理是绝对的，又是相对的。真理的绝对性决定了真理和谬误的本质区别，真理的相对性又说明了真理是具体的、有条件的，根本不存在一劳永逸的终极性真理。这是由客观世界的辩证本性所决定的：一方面，客观世界是无限复杂的，不仅从广度上看它是无限的，而且从深度上看它也是无限的，这就决定着我们的具体的认识只能反映事物的某些方面的本质，而不可能穷尽其所有本质；另一方面，整个客观世界又是无限发展的，而认识一旦形成又具有一定的稳定性，同时相对于客观事物而言也就具有了惰性，这就决定着我们的认识如果不发展就不能正确反映客观世界。马克思主义并没有结束真理，而是开辟了通向真理的道路。也正是在这个意义上，恩格斯明确指出，唯物主义要根据自然科学的发展不断改变自己的形式。

（二）马克思主义史就是一部自我革命史

马克思主义的产生是人类思想史上最伟大的变革，也是人类社会史上的一次最伟大的思想解放。马克思、恩格斯创立马克思主义，首先是突破前人的伟大创举。马克思、恩格斯吸收了德国古典哲学、英国古典政治经济学和欧洲空想社会主义学说的"合理内核"，又突破了它们时代的、阶级的局限，立足于那个时代、立足于当时的国际大局，创立了马克思主义。马克思主义作为无产阶级的革命科学，从人类社会必将进入共产主义、全人类的解放最终必将成为现实的广阔视野观察世界、认识世界、发现世界，全面提出和论述了无产阶级革命问题。他们继承和总结了世界历史上一切革命理论的有益成果并敢于突破前人，不断观察世界各国经济和社会的发展状况，关注包括印度、中国在内的各国无产阶级运动，并及时分析世界经济和社会发展的新情况，科学地总结世界无产阶级革命斗争的新经验，不断丰富、发展马克思主义。

马克思、恩格斯坚持马克思主义的革命性，不断审视和批判自己的观点，超越和发展自己的理论，使得马克思主义不断完善。《共产党宣言》是马克思主义的奠基之作。但是，马克思、恩格斯并不认为这一著作中的论断是一成不变的，随着实践和形势的发展，他们一旦发现有的论断已经"过时"，就通过再版的机会及时修改和丰富原来的认识。

1848 年，《共产党宣言》出版，在以后的几十年中，马克思、恩格斯为这本书的不同版本写了多篇序言，在序言中对《共产党宣言》中提出的理论加以说明、订正或补充，使之更加完善。马克思、恩格斯在为《共产党宣言》德文版作序时说：由于时代的变迁和实践的发展，《共产党宣言》中的一些观点、一些论述"是不完全的"，有的"已经过时"；如果可以重写，"许多方面都会有不同的写法"。他们不固守自己原来的观点，而是随着时代的发展而发展和纠正自己的观点。

正如恩格斯所强调的："我们的理论是发展着的理论，而不是必须背得烂熟并机械地加以重复的教条。"① 认为人们可以到马克思的著作中去找一些不变的、现成的、永远适用的定义是一种误解。马克思、恩格斯时时在关

---

① 恩格斯：《致弗洛伦斯·凯利－威士涅威茨基》，《马克思恩格斯文集》第 10 卷，人民出版社 2009 年版，第 562 页。

注实践变化，不断修正自己的理论，与此同时，还满怀信心寄希望于未来的马克思主义者发展自己创立的学说。

中国共产党坚持马克思主义的革命性，把马克思主义和中国的具体情况相结合，实现了马克思主义的中国化，不断把中国革命、建设和改革的事业推向前进。从一定意义上说，我们党的事业发展的历史，就是一部不断坚持马克思主义的开放性、保持与时俱进的历史。

我们坚持马克思主义的革命性，不断与时俱进，才实现了马克思主义基本原理和中国实际的第一次结合，诞生了毛泽东思想。以毛泽东思想的确立为标志，中国共产党把马克思主义的普遍原理和中国革命的具体实际相结合，实现了马克思主义中国化，为新民主主义革命的胜利奠定了科学的思想理论基础，开创了中国特色的革命道路，建立了中华人民共和国。在毛泽东思想指引下，中国共产党领导全国各族人民完成新民主主义革命和社会主义革命，确立社会主义基本制度，完成了中华民族有史以来最为广泛而深刻的社会变革，为当代中国一切发展进步奠定了根本政治前提和制度基础。

党的十一届三中全会以来，以邓小平同志为主要代表的中国共产党人带领全党全国各族人民深刻总结我国社会主义建设正反两方面经验，借鉴世界社会主义历史经验，作出把党和国家工作重心转移到经济建设上来、实行改革开放的历史性决策，深刻揭示社会主义本质，确立社会主义初级阶段基本路线，明确提出走自己的路、建设中国特色社会主义，科学回答了建设中国特色社会主义的一系列基本问题，成功开创了中国特色社会主义。中国共产党人面对新的时代课题，不断在实践基础上进行理论创新，在科学回答"什么是社会主义、怎样建设社会主义"的基础上，进一步回答了"建设什么样的党、怎样建设党""实现什么样的发展、怎样发展"等重大问题，不断续写着中国特色社会主义的伟大篇章。

（知）（识）（链）（接）

改革开放 40 年的经济成就

改革开放 40 年来，我国国内生产总值由 3679 亿元增长到 2017 年的 82.7 万亿元，年均实际增长 9.5%，远高于同期世界经济 2.9% 左右的年均增速。我国国内生产总值占世界生产总值的比重由改革开放之初的 1.8% 上升到 15.2%，多年来对世界经济增长贡献率超过 30%。我国货物进出口总额从 206 亿美元增长到超过 4 万亿美元，累计使用外商直接投资超过 2 万亿美元，对外投资总额达到 1.9 万亿美元。我国主要农产品产量跃居世界前列，建立了全世界最完整的现代工业体系，科技创新和重大工程捷报频传。我国基础设施建设成就显著，信息畅通，公路成网，铁路密布，高坝蠢立，西气东输，南水北调，高铁飞驰，巨轮远航，飞机翱翔，天堑变通途。现在，我国是世界第二大经济体、制造业第一大国、货物贸易第一大国、商品消费第二大国、外资流入第二大国，我国外汇储备连续多年位居世界第一，中国人民在富起来、强起来的征程上迈出了决定性的步伐！

——习近平：《在庆祝改革开放 40 周年大会上的讲话》，《人民日报》2018 年 12 月 19 日。

党的十八大以来，以习近平同志为核心的党中央带领全党全国各族人民谱写中国特色社会主义新篇章，举旗定向，谋篇布局，围绕改革发展稳定、内政外交国防、治党治国治军，提出了治国理政的新理念新思想新战略，从理论和实践结合上系统回答了新时代坚持和发展什么样的中国特色社会主义、怎样坚持和发展中国特色社会主义的重大时代课题，坚持以马克思列宁主义、毛泽东思想、邓小平理论、"三个代表"重要思想、科学发展观为指导，坚持解放思想、实事求是、与时俱进、求真务实，坚持辩证唯物主义和历史唯物主义，紧密结合新的时代条件和实践要求，以全新的视野深化对共产党执政规律、社会主义建设规律、人类社会发展规律的认识，进行艰辛理论探索，取得重大理论创新成果，形成了习近平新时代中国特色社会主义思想。以习近平同志为核心的党中央对党和国家各方面工作提出一系列新理念新思想新战略，推动党和国家事业发生历史性变革、取得历史性成就，中国特色社会主义进入了新时代。

（三）中国特色社会主义是不断创新奋斗的历史运动

正是因为我们坚持和发展了马克思主义，形成和确立了正确的思想路线，将马克思主义基本原理与中国具体实际相结合，不断探索和创新，为改革开放提供了体现时代性、把握规律性、富于创造性的理论指导。

在正确思想路线的指引下，我们开辟了中国特色社会主义道路，形成了中国特色社会主义理论体系。因此，对于马克思主义，我们必须理直气壮地坚持，要具有理论自信。正如习近平总书记所指出的："对马克思主义的信仰，对社会主义和共产主义的信念，是共产党人的政治灵魂，是共产党人经受住任何考验的精神支柱。"[①]对此，邓小平指出："我们搞改革开放，把工作重心放在经济建设上，没有丢马克思，没有丢列宁，也没有丢毛泽东。老祖宗不能丢啊！"[②]习近平总书记反复强调，科学社会主义基本原则不能丢，丢了就不是社会主义。中国特色社会主义既没有封闭僵化，也没有改旗易帜，而是始终坚持"老祖宗不能丢"，以马克思主义为基础，既坚持了科学社会主义基本原则，又根据时代条件赋予其鲜明的中国特色，以全新的视野深刻揭示了社会主义本质，开创了以经济建设为中心和以改

---

① 习近平：《在纪念朱德同志诞辰 130 周年座谈会上的讲话》，《人民日报》2016 年 11 月 30 日。
② 邓小平：《总结经验，使用人才》，《邓小平文选》第 3 卷，人民出版社 1993 年版，第 369 页。

革开放为标志的历史新时期，使社会主义在中国显示出蓬勃生机和巨大活力。

实践发展永无止境，认识真理永无止境，理论创新永无止境。党和人民的实践是不断前进的，指导这种实践的理论也要不断前进。正如习近平总书记所指出的，各级领导干部要继续解放思想、坚持实事求是，以科学态度对待马克思主义，用发展着的马克思主义指导新的实践，始终坚持真理、修正错误，勇于变革、勇于创新，永不僵化、永不停滞，不为任何风险所惧，不被任何干扰所惑，在深入研究新情况、不断解决新问题的实践中努力开创各项工作新局面。

发展中国特色社会主义是一项长期历史任务，我们一定要以我国改革开放和现代化建设的实际问题为中心，着眼于马克思主义理论的运用，着眼于对实际问题的理论思考，着眼于新的实践和新的发展，要根据时代变化和实践发展，不断深化认识，不断总结经验，不断实现理论创新和实践创新良性互动，在这种统一和互动中发展 21 世纪中国的马克思主义。

延伸阅读

1. 马克思：《青年在选择职业时的考虑》，《马克思恩格斯全集》第 1 卷，人民出版社 2002 年版。

2. 恩格斯：《在马克思墓前的讲话》，《马克思恩格斯选集》第 3 卷，人民出版社 2012 年版。

3. 毛泽东：《在中国共产党第七届中央委员会第二次全体会议上的报告》，《毛泽东选集》第 4 卷，人民出版社 1991 年版。

4. 习近平：《在纪念马克思诞辰 200 周年大会上的讲话》，《人民日报》2018 年 5 月 5 日。

深度思考

1. 结合自己的工作实际，谈一谈如何在新时代坚持奋斗精神。

2.《做焦裕禄式的县委书记》一文中有这样一段话："共产主义决不是'土豆烧牛肉'那么简单，不可能唾手可得、一蹴而就，但我们不能因为实现共产主义理想是一个漫长的过程，就认为那是虚无缥缈的海市蜃楼，就不去做一个忠诚的共产党员。革命理想高于天。实现共产主义是我们共产党人的最高理想，而这个最高理想是需要一代又一代人接力奋斗的。如果大家都觉得这是看不见摸不着的东西，没有必要为之奋斗和牺牲，那共产主义就真的永远实现不了了。我们现在坚持和发展中国特色社会主义，就是向着最高理想所进行的实实在在努力。"请谈一谈对这段话的理解。

第二章

历史运动：
共产主义的奋斗历程

共产主义从发端到实践，不断彰显前进性与曲折性的统一，不断结合当时的社会历史条件和人们对美好生活的需要，也不断谱写出无数仁人志士为其奋斗终生的历史。习近平总书记在庆祝中国共产党成立95周年大会上强调："坚持不忘初心、继续前进，就要牢记我们党从成立起就把为共产主义、社会主义而奋斗确定为自己的纲领，坚定共产主义远大理想和中国特色社会主义共同理想，不断把为崇高理想奋斗的伟大实践推向前进。"因为共产主义是人类历史滚滚向前的必然运动，是人类的共同理想与现实运动的统一，更是新时代新文明的重要特征。在一代又一代人的不懈奋斗中，共产主义运动如火如荼地展开，并对人类社会发展产生了深远而持久的影响。

一、共产主义理论在革命和奋斗中发展

从16世纪初到19世纪40年代，社会主义从空想到科学的变革经历了三个多世纪之久，广大人民群众经过理论和实践的不断探索，在共产主义理想的鼓舞下，开创了一个又一个历史新时期。在深刻的社会历史背景和社会思潮的影响下，共产主义以其划时代的理论体系和实践诉求不断与时俱进，适应了人们对美好生活的需要以及社会共同体的繁荣发展。中国作为社会主义国家，在过去百年之中发生了深刻的社会变革，更是代表了共产主义运动的轨迹。中华民族以往那种内外交困、贫弱交织的历史局面也在共产主义运动中发生了根本性的改变。经过不懈奋斗，中国人民坚定不移地走中国特色社会主义道路，不断开创马克思主义中国化的新境界。共产主义的理想信念也逐渐融入广大人民群众的生活之中，现实地历史地成为实现中华民族伟大复兴的伟大路标。

马克思主义的奋斗，其内涵与意义是十分丰富的，硝烟烈火中的殊死博斗和艰苦创业的筚路蓝缕诚然是一种奋斗，对方向道路的不懈探索和同错误思潮的针锋相对同样是奋斗，而且是更深刻、更严肃、更伟大的奋斗。所以我们说，全部的马克思主义发展史与共产主义运动史，就是一部伟大的奋斗史。

（一）马克思、恩格斯、列宁在斗争中发展理论

马克思、恩格斯的共产主义思想有其深厚的社会历史背景和理论基础。作为共产主义者同盟乃至共产主义运动的纲领性文件，《共产党宣言》"以天才的透彻而鲜明的语言描述了新的世界观，即把社会生活领域也包括在内的彻底的唯物主义，作为最全面最深刻的发展学说的辩证法以及关于阶级斗争和共产主义新社会创造者无产阶级肩负的世界历史性的革命使命的理论"[1]。在《共产党宣言》中，马克思、恩格斯指出："共产主义的特征并不是要废除一般的所有制，而是要废除资产阶级的所有制。但是，现代的资产阶级私有制是建立在阶级对立上面、建立在一些人对另一些人的剥削上面的产品生产和占有的最后而又最完备的表现。从这个意义上说，共产党人可以把自己的理论概括为一句话：消灭私有制。"[2]可见，共产主义与物

---

① 列宁：《卡尔·马克思》，《列宁专题文集·论马克思主义》，人民出版社2009年版，第5页。
② 马克思、恩格斯：《共产党宣言》，《马克思恩格斯选集》第1卷，人民出版社2012年版，第414页。

质生产方式息息相关，指明人类社会发展的未来趋向。在把共产主义理论概括为"消灭私有制"的同时，马克思、恩格斯强调唯物史观的基本原理，亦即社会存在决定社会意识，其目标是人的自由而全面的发展，并在不断革新中同传统的生产方式作斗争。

马克思、恩格斯宣告："共产主义革命就是同传统的所有制关系实行最彻底的决裂"①。同时，《共产党宣言》意味着纯粹理论活动与运动实践相结合，是国际工人运动与共产主义的完美结合，凸显了马克思、恩格斯哲学的实践特点。为了"自由人"联合以及消灭私有制，马克思、恩格斯积极投身工人运动的实践当中，像无数的共产主义者那样艰苦奋斗，并进行阶级斗争及消灭私有制的运动。正如习近平总书记在纪念马克思诞辰200周年大会上所指出的："马克思毕生的使命就是为人民解放而奋斗。"就像共产主义是一个又一个阶段的历史突破和成果积累一样，马克思也在一个又一个历史时期中完成自己思想的转折，最终在革命的实践和理论的批判中完成了从唯心主义到唯物主义、从革命民主主义到共产主义的转变。更为可贵的是，马克思、恩格斯都看到了共产主义必须通过革命实践、通过不懈奋斗才能永葆其科学性、现实性和先进性。

在与各种"社会主义"流派的论争中，马克思、恩格斯通过对傅立叶、萨米、赫斯、盖伊等人的批判，强调了共产主义与这些所谓的"社会主义"的不同，也揭示了这些"社会主义"的反动性、保守性和空想性等色彩。马克思、恩格斯指出："在1847年，社会主义意味着资产阶级的运动，共产主义则意味着工人的运动。当时，社会主义，至少在大陆上，是上流社会的，而共产主义却恰恰相反。"②共产主义之所以为共产主义，其本质就在于以消灭私有制为指归，以实现整个社会生产体系的全面变革为奋斗目标。

---

① 马克思、恩格斯：《共产党宣言》，《马克思恩格斯选集》第1卷，人民出版社2012年版，第421页。
② 马克思、恩格斯：《共产党宣言》，《马克思恩格斯选集》第1卷，人民出版社2012年版，第392页。

同时，共产主义的发展意味着资本主义的埋葬，意味着无产阶级的胜利。在共产主义运动开展时，无产阶级代表着先进生产力的发展要求，代表着推翻资本主义制度的积极力量和最革命阶级，有组织有纪律地完成建设社会主义的历史使命。正是马克思、恩格斯在思想与理论上的不懈斗争，为共产主义运动廓清了迷雾，开拓了道路。

列宁深谙无产阶级的革命性力量，领导了俄国的十月革命，并率先建立了历史上第一个社会主义国家，这与其对于无产阶级政党、共产主义、社会主义以及马克思主义的深刻理解和把握密切关联。列宁的国家学说与共产主义息息相关，富有逻辑地指出国家消亡，亦即资本主义向共产主义的过渡，以及共产主义发展到高级阶段等过程。需要强调的是，社会主义作为共产主义的第一阶段，已不再是"天才头脑的偶然发现"，而是无产阶级与资产阶级对抗的必然产物，更是生产方式变革的阶段性产物。从"夺取俄国"到"管理俄国"，列宁采取"战时共产主义"、新经济政策等一系列措施建设社会主义，这一系列的社会主义理论与实践的辩证法反映了："理论在变为实践，理论由实践赋予活力，由实践来修正，由实践来检验。"[1] 列宁说，共产主义的科学原理必须通过实践予以检验，不断通过奋斗为自己开辟道路。这就在新的历史条件下进一步说明了奋斗实践与理论发展的辩证关系，指明了马克思主义者在这一时期的奋斗方向，对国际共产主义运动的进一步开展和科学社会主义由理论向现实的伟大跨越奠定了坚实的基础。

---

[1] 列宁：《怎样组织竞赛？》，《列宁专题文集·论社会主义》，人民出版社 2009 年版，第 60 页。

知识链接

战时共产主义

"战时共产主义"亦称"军事共产主义",是苏俄在 1918—1920 年实行的经济政策。主要内容为:进一步剥夺资产阶级,对小企业普遍实行国有化;实行余粮收集制;禁止日用必需品的私人贸易,实行产品实物供应及主要消费品配给制;取消货币和核算制,实行总管理局制,国家直接给每个企业制订产、供、销计划;实行普遍义务劳动制。"战时共产主义"是在帝国主义武装干涉和国内战争爆发时期,苏俄为适应战争需要而采取的临时措施,对集中国内一切人力、物力,粉碎外国武装干涉,赢得国内战争胜利起了重要作用。1920 年年底,苏俄开始进入经济恢复时期,"战时共产主义"政策不再适应形势需要,改行新经济政策。

(二)共产主义理论在中国人民的不懈奋斗中发展

共产主义是时代发展的产物,并随着时代发展不断丰富和拓展其特有的内涵。俄国十月革命的成功给中国带来了马克思主义。中国共产党人在带领中国人民不断努力奋斗的过程中,在争取摆脱封建主义、官僚资本主义和帝国主义的三重压迫的斗争中,最终历史性地选择了社会主义,选择了实现共产主义的奋斗目标。由此,共产主义成了进一步实现民族复兴和国家富强的热切期望。在中国革命与社会建设的过程中,共产主义运动表现出其阶段性的历史目标,中国共产党人的奋斗也呈现出明显的阶段性特征。主要有以下历史时期的发展和巩固:

第一,以毛泽东同志为主要代表的中国共产党人将马克思列宁主义基本原理同中国革命具体实践结合起来，在与"左"和右的错误倾向斗争中，尤其在与那种把马克思列宁主义教条化、把共产国际指示和苏联经验神圣化的教条主义长期艰苦而反复的斗争中，创立了毛泽东思想，实现了马克思列宁主义基本原理同中国实际创造性结合的第一次伟大飞跃。在长期的新民主主义革命中，中国共产党人带领人民付出了巨大的牺牲和长期的奋斗之后，终于取得了新民主主义革命的胜利，并结合社会主义的具体内涵，结合马克思主义发展的要求，创立了新民主主义理论，逐渐形成了毛泽东思想。不仅如此，在毛泽东思想的指导下，中国人民不懈奋斗，赢得了新民主主义革命的胜利，同时建立了新中国，并进行了社会主义改造，确立了社会主义制度。这种牺牲和奋斗既有战场上的流血牺牲，也有党内思想和路线斗争的残酷曲折，可谓困难重重又愈挫愈勇，历经磨难而更加成熟。

第二，以邓小平同志为主要代表的中国共产党人将共产主义理论与社会主义建设相结合，取得了扎实而瞩目的成就，回答了"什么是社会主义、怎样建设社会主义"的问题，并且进行改革开放，在40年后的今天使中华民族迎来从富起来到强起来的伟大飞跃。

第三，以江泽民同志为主要代表的中国共产党人将共产主义理论与无产阶级政党的建设相结合，在国际共产主义运动低潮的环境下，依旧坚持中国共产党领导，回答了"建设什么样的党、怎样建设党"的问题，加强了中国共产党的建设，抓住了共产主义运动的领导核心，为我们强化了"为共产主义奋斗终身"的主心骨力量。通过加强党的建设，我们党和国家实现了"又有集中又有民主，又有纪律又有自由，又有统一意志、又有个人心情舒畅、生动活泼，那样一种政治局面"[1]。

第四，以胡锦涛同志为主要代表的中国共产党人将共产主义理论与时

---

[1] 毛泽东：《在扩大的中央工作会议上的讲话》，《毛泽东文集》第8卷，人民出版社1999年版，第293页。

代发展相结合，探讨中国如何科学发展的时代课题，切中发展的问题和人民的主题，认识和回答了"实现什么样的发展、怎样发展"的问题。在这个历史时期，我们党和国家注重社会和谐和民生发展，坚持用党的基本理论、基本路线、基本纲领、基本经验指引新时期的改革开放，并强调全党全国各族人民为实现国家富强而团结奋斗。

第五，以习近平同志为主要代表的中国共产党人将共产主义理论与新时代的中国特色相结合，全面审视国际国内新的形势，通过总结实践、展望未来，深刻回答了"新时代坚持和发展什么样的中国特色社会主义、怎样坚持和发展中国特色社会主义"的问题，对马克思主义中国化的一系列举世瞩目的伟大成果进行了巩固、创新和发展，形成了习近平新时代中国特色社会主义思想。习近平新时代中国特色社会主义思想，是马克思主义中国化最新成果，是党和人民实践经验和集体智慧的结晶，是新时代党和人民为实现中华民族伟大复兴而不懈奋斗的行动指南。

在40年改革开放和现代化建设的历程之中，中国共产党在新的历史条件和使命任务中继续发扬奋斗精神、不断进行奋斗实践，在理论上成功实现了马克思主义与中国实际相结合的又一次伟大飞跃。这一系列的马克思主义中国化的成果，更彰显了共产主义在现实运动中的伟大生命力，也蕴含着中华民族图富强、求复兴的历史伟力。在理论与实践的统一中，中国不断积蓄力量，不懈矢志奋斗，为世界共产主义运动贡献了中国智慧、中国方案。

（三）在现实运动中把握共产主义的真理力量

共产主义绝不仅仅是一种理想信念，也是政治诉求和思想体系，更是一种生活状态，一种人人都为之不懈奋斗的现实状况。历史告诉我们，必须将共产主义运动放置在具体的实践当中，才能体现马克思主义的革命性、前进性和科学性，维护好发展好共产主义的科学原理。共产主义是奋斗出来的，马克思主义的一切理论和设想，一切发展与进步，一切真理与力量，也同样都是奋斗出来的。

在《德意志意识形态》中，马克思、恩格斯指出："共产主义对我们来说不是应当确立的状况，不是现实应当与之相适应的理想。我们所称为共产主义的是那种消灭现存状况的现实的运动。这个运动的条件是由现有的前提产生的。"[①] 说到底，共产主义就是在广大人民群众不懈奋斗的过程中体现其科学原理的。与空想社会主义截然不同，马克思、恩格斯的共产主义思想有其鲜明的阶级性、革命性、科学性和现实性。更为重要的是，共产主义还有其具体的时代内涵、人民立场和历史要求，表达了人类解放和"自由人"联合的共同体诉求。

回首世界社会主义 500 年，无数共产主义者在世界社会主义的历史进程中不断砥砺前行。在总结共产主义运动的曲折性和前进性的时候，我们能够看到：在历史长河中，无数仁人志士的历史责任感以及对美好生活的需要推动了一次又一次的共产主义伟大尝试，并且以其汹涌蓬勃的革命力量取得了一个又一个的历史性突破。马克思主义的唯物史观告诉我们："只有在工业无产阶级随着资本主义生产的发展，在人民群众中至少占有重要地位的地方，社会革命才有可能。"[②] 因此，必须重视人民群众的历史作用及其对社会革命的深刻影响。人民群众是历史的创造者，同时也是历史的享有者，坚持群众史观，坚持以人民为中心，也是中国特色社会主义发展之必须。在人民群众的不懈奋斗下，我们党和国家在充分把握了人类解放运动的性质、条件和一般目的的同时，又进行了新民主主义革命和社会主义

[①] 马克思、恩格斯：《德意志意识形态》，《马克思恩格斯选集》第 1 卷，人民出版社 2012 年版，第 166 页。

[②] 马克思：《巴枯宁〈国家制度和无政府状态〉一书摘要（摘录）》，《马克思恩格斯文集》第 3 卷，人民出版社 2009 年版，第 404 页。

建设和改革，经过近 100 年的奋斗、总结、回顾、反思和积累，终于使中华民族迎来了从站起来、富起来到强起来的伟大飞跃。

二、共产主义由空想到实践的奋斗过程

任何一种新思想或主义的产生必然是对现实的理论拷问和诊断，以表达对于未来美好社会生活的追求。共产主义并不是凭空降临人间的，它是基于人间的不合理现状而发出的对于美好社会的呼喊。同时，共产主义有着近 500 年的发展史，它同近代以来资本主义和现代社会发展相伴而兴起壮大，实现了从空想到科学、从理论到实践的伟大飞跃。

从 16 世纪初到 17 世纪末，以莫尔、闵采尔、康帕内拉等为代表的第一批空想社会主义先驱，最早提出了对资本主义的控诉和对未来美好社会的蓝图构想。"同任何新的学说一样，它必须首先从已有的思想材料出发，虽然它的根子深深扎在物质的经济的事实中。"[①] 他们用文学诗意的语言表达了对资本主义所带来的灾难和罪恶的批判，阐述了他们对理想社会的最初构想。他们幻想未来的社会将是一个没有剥削压迫、人人自由平等的社会。莫尔的"羊吃人"理论批判了资本原始积累；闵采尔反对私有制，意图建立"千载太平天国"；康帕内拉则对私有制社会的罪恶予以批判，并描述了"太阳城"的美好图景。随着 18 世纪下半叶英国飞速发展，资本主义开始从手工工场向机器大工业时代跃进，资本主义的阶级矛盾也随之不断激化和白热化。而与此同时，广大无产阶级的生存状况并没有随着物质财富增

[①] 恩格斯：《社会主义从空想到科学的发展》，《马克思恩格斯文集》第 3 卷，人民出版社 2009 年版，第 523 页。

长而有所改善，反倒越来越陷入非人的甚至是"人吃人"的境地，加之社会主义有了近300年的发展，思想的积累和现实的条件促使了新的社会理论的诞生。19世纪初出现了以圣西门、傅立叶和欧文为代表的伟大空想社会主义者，他们对未来社会提出了很多积极合理的设想。他们继承了以往的思想传统并对现实给予了极大的关注，同时结合自身的责任感和生活需要提出社会主义理论。

马克思、恩格斯高度赞扬了空想社会主义者特别是19世纪初期的空想社会主义者的成就，恩格斯说："德国的理论上的社会主义永远不会忘记，它是站在圣西门、傅立叶和欧文这三个人的肩上的。虽然这三个人的学说含有十分虚幻和空想的性质，但他们终究是属于一切时代最伟大的智士之列的，他们天才地预示了我们现在已经科学地证明了其正确性的无数真理。"[1]当然，一方面，空想社会主义思想家的理论还有很多局限和非科学的地方，比如在历史观上的唯心主义倾向，他们认为决定历史发展的是理性和天才人物的作用。另一方面，他们又主张阶级调和，反对阶级斗争，圣西门就希望资本家和无产阶级实行阶级合作，等等。马克思、恩格斯深刻批判了这些非科学的、片面的思想。当然，"这种社会主义只有在无产阶级尚未发展为自由的历史的自主运动的时候，才是无产阶级的理论表现"[2]。

到了19世纪40年代，随着资本主义全面进入机器大工业时代，资本主义社会自身的矛盾越发凸显。在1825年，英国爆发了全国性的生产过剩的经济大危机，并且此后每十年就要爆发一次危机，无产阶级的生存状态每况愈下，迫切需要改变自身的非人的命运处境。于是，工人阶级就开始进行各种暴力维权运动。工人们认为，他们之所以面临如此非人的境况，缘于机器，

---

[1] 恩格斯：《德国农民战争》，《马克思恩格斯文集》第2卷，人民出版社2009年版，第218页。
[2] 马克思：《1848年至1850年的法兰西阶级斗争》，《马克思恩格斯文集》第2卷，人民出版社2009年版，第166页。

于是他们就联合起来捣毁机器，烧毁厂房。后来，工人阶级渐渐认识到其根本原因是政治问题，于是开始谋求政治权利和话语权。

在 1831 年和 1834 年，法国纺织工人先后两次举行武装起义，提出要建立"共和国"；1836 年，英国爆发了声势浩大的"人民宪章运动"；在德国，西里西亚纺纱工人提出了消灭私有制的口号……不过遗憾的是，这些都以失败而告终。但是，这些源自于政治经济状况的历史性事件都表明了无产阶级开始登上历史舞台，意味着开始在新的历史条件下的阶级斗争。此时，旧的理论已经无法满足工人阶级实际斗争的需要，迫切呼唤新的理论作为阶级斗争的前导。因而，社会主义从空想向科学发展成为时代的必然要求。马克思、恩格斯就成了这一理论从空想到科学转折的完成者。这里主要有两个方面的原因：其一，马克思、恩格斯从很早时期就确立了为人类幸福而奋斗终生的理想信念。马克思在其中学毕业作文《青年在选择职业时的考虑》中就表明了志向，即选择最能为人类而工作的职业。其二，马克思、恩格斯为理想不懈实践和进行理论探索。马克思、恩格斯与工人阶级保持着密切沟通，对于无产阶级的非人处境深深地同情，比如恩格斯在《英国工人阶级状况》中、马克思在《资本论》中，都大量描写了工人的处境，对资产阶级的剥削本质进行了深入鞭挞，同时也坚定了他们为工人阶级服务的信念，决心为共产主义和全人类奋斗终生。正如习近平总书记在纪念马克思诞辰 200 周年大会上的讲话中所指出的："马克思一生饱尝颠沛流离的艰辛、贫病交加的煎熬，但他初心不改、矢志不渝，为人类解放的崇高理想而不懈奋斗，成就了伟大人生。"同样作为伟大的革命导师的恩格斯也是终生为人类解放而求索，誓死捍卫了共产主义。

知识链接

人民宪章运动

人民宪章运动，是英国工人阶级争取改革议会的运动，因伦敦激进派洛维特1838年5月起草的《人民宪章》得名。《人民宪章》有六项要求：确定男子普选权；设立平等的选举区；以投票方式进行表决；议会每年选举一次；规定议员薪俸；废除议员候选人的财产资格。人民宪章运动是在1837—1838年的经济萧条时期产生的第一次工人阶级性质的全国规模的运动。洛维特的《人民宪章》提出了各类工人都能接受的纲领。由于奥康诺的有力领导，这六项要求得到了全国的支持。

《共产党宣言》的发表标志科学社会主义的诞生，而巴黎公社的成功则使得无产阶级夺取政权从理论变成现实。虽然巴黎公社只存在了很短暂的时间就被旧势力疯狂反扑而联合"绞杀"了，但是其中的世界历史意义和追求崇高理想的奋斗精神却是永世长存的。马克思在《法兰西内战》中高度评价了巴黎公社的意义，认为"巴黎公社自然应是要为法国一切大工业中心做榜样的。……巴黎公社可能倒下，但是它所创始的社会革命必将胜利。它的策源地遍于全球"。巴黎公社的世界历史意义很快在俄国变成现实，世界历史从此开始了新纪元。

三、社会主义从理论到现实的伟大革命

我们知道，人类史上第一次大规模的社会主义建设实践是在苏俄开始

的，那么，为什么苏俄能够建立第一个社会主义国家？一方面，19 世纪末 20 世纪初，世界资本主义由自由竞争阶段进入垄断阶段，而俄国作为当时帝国主义链条上最为薄弱的环节，面临激烈的国际竞争陷入非常被动不利的地位。19 世纪 60 年代的资产阶级改革不彻底性在新的历史条件下日益凸显，国内阶级矛盾日益激化，落后的生产关系严重阻碍了生产力的发展，国内动荡不安，加之第一次世界大战的爆发进一步激化了国内社会矛盾。战争使俄国国民经济遭到严重破坏，广大青年被征召参战，致使土地荒芜，粮价暴涨，物资奇缺，老百姓的生存境况濒临绝境。另一方面，在当时的俄国，有以普列汉诺夫、列宁等为主要代表的马克思主义者积极宣传马克思主义，在俄国革命运动日益高涨的有利形势下，科学社会主义学说的影响不断扩大。

在俄国革命最紧要的关头，列宁结束了长期流亡海外的生活，毅然回到了俄国，发表了热情洋溢的演说，提出了"社会主义革命万岁"的口号。列宁认为，资产阶级性质的二月革命应当立即转变为社会主义革命，这样就在最为危急的关头为俄国的历史发展指明了前进的方向。面对当时国内的反对声音，列宁指出，马克思主义不是教条，而是行动的指南，马克思主义者应该从实际出发，而不是抱着既有的理论死守不放，应该在历史的紧急关头抓住稍纵即逝的机遇实现社会变革。历史证明了列宁论断的正确性，十月革命最终取得了胜利，第一个社会主义国家在俄国建立起来了。十月革命的意义主要体现在四个方面：其一，十月革命使马克思关于无产阶级革命的理论变为现实。马克思认为，过去的革命都是阶级斗争的革命，都是一个阶级反对另一个阶级的革命，是被剥削者对剥削者的革命，过去的制度都是人剥削人的制度。而十月革命是社会主义革命，彻底结束了"人吃人"的制度，实现了人类自古以来的梦想。其二，十月革命的胜利，从根本上打击了帝国主义的世界统治，掀起了新一轮的无产阶级革命热潮，为其他国家的革命斗争提供了实践证明。其三，十月革命的胜利，也大大鼓舞了殖民地和半殖民地人民的反帝反封建斗争，许多国家在十月革命胜利的鼓舞下，掀起了民族独立和民族解放运动，如我国的五四爱国运动。其四，十月革命的胜利大大促进了马克思主义的传播，提升了马克思主义的国际影响力，推动了一大批无产阶级政党的建立。

十月革命胜利后，由于战争等各种历史问题留下的创伤并没有随之而立即消失，所以刚刚诞生不久的苏维埃政权面临着严重的国内外危机，在国内，不甘于退出历史舞台的俄国封建阶级和资产阶级发动了叛乱，加之帝国主义国家对苏维埃的敌视和"围剿"，导致苏俄陷入严重的社会经济困难。这时，以列宁为首的布尔什维克党为了战胜国内外敌对势力，保障革命果实不至于葬送，果断实行了"战时共产主义"政策，帮助苏维埃政权度过了最艰难的时期。殊不知，"战时共产主义"政策的实施是特殊时期的特殊对待，所以一旦度过了危机，那么此项政策的弊端就会暴露出来，因为这不符合当时苏俄的社会生产力条件。当时苏俄仍是以小农经济为主的生产形态，如果忽视客观的经济发展水平，企图依靠此项政策直接过渡到共产主义阶段，显然是不符合社会发展规律的。于是列宁为了改变因为"战时共产主义"政策的继续推行而导致的政治经济危机，提出了一系列应对措施，比如让农民有发展农业生产的积极性，恢复价格机制和允许私人小工业企业发展，即新经济政策。新经济政策很快收到了良好效果，国民经济得到了恢复，人民生活水平显著提高，苏维埃政权也得到了巩固。随着列宁的去世，新经济政策没有继续得到贯彻和落实，斯大林开始了集体化道路，虽然使得苏联快速实现了工业化，但其隐患也逐渐显现出来，并随着苏联后期领导人对社会主义的"改革"，最终葬送了苏联，留下惨痛的历史教训。很多社会主义国家纷纷改旗易帜，不信社会主义而信资本主义，东欧发生剧变。同时，世界也将目光投向了东方的中国。

四、社会主义百年来在中国的伟大实践

社会主义思想在 19 世纪末就传入了中国。1899 年，英国传教士李提摩太在《万国公报》上首次介绍了马克思其人和他的学说，但是并没有引起主流社会的关注。马克思主义学说真正对中国产生重要影响是在十月革命之后。正是十月革命的胜利，让中国这个饱受列强侵略的古老国家重新看到了出路，看到了一个未来发展的方向。鸦片战争以来，为了挽救民族的危亡，中国人民进行了艰苦卓绝的不懈奋斗和可歌可泣的斗争，无数仁人志士前赴后继为探索民族复兴和国家独立而抛头颅、洒热血。从洋务运动到戊戌变法，虽促进了人民的觉醒，但是最终都以失败而告终。孙中山领导的辛亥革命推翻了清王朝的封建统治，但面对列强的步步紧逼，中国人民却始终没找到有效抵抗的法宝。就在这个民族危亡的关头，爆发了五四运动。五四运动在全国的扩大发展极大地推动了马克思主义学说在中国的传播，全国各地纷纷成立了马克思主义研究会和共产主义小组。

马克思主义学说的普及并不是一帆风顺的，而是在论战中不断确立起自己的社会主导学说地位。在五四运动时期，世界各种思潮学派学说在中华大地风云际会，广大的海外留学生纷纷回国创刊办报宣传各自主张的思想学说，诸如改良主义、自由主义、社会达尔文主义、无政府主义、实用主义、民粹主义、工团主义、互助主义等。很多马克思主义者一开始并不是马克思主义者，他们所信仰的也并非真正的马克思主义。从思想交锋来看，当时中国思想界展开了三次大论战。

第一，是"问题"与"主义"的论战，主要是以胡适发表的《多研究些问题，少谈些"主义"》一文为先导。在文中，胡适反对空谈主义的风气，而主张应该进行实证研究，一步一步解决中国的实际问题。而与此针锋相对的则是李大钊的《问题与主义》《再论问题与主义》两篇文章。李大钊认为解决中国的问题，必须运用马克思主义的唯物史观作为行动指南，高举社会主义的大旗。无疑，这场争论扩大了马克思的影响范围。第二，是关于社会主义之争，是围绕"社会主义是否适合中国"在马克思主义者和资产阶级知识分子之间展开的争辩和论战。以张东荪和梁启超为代表的非马克思主义者，认为中国不适宜走社会主义道路，社会主义不符合中国实际情况，主张发展实体经济。而以陈独秀和李大钊为代表的马克思主义者，则坚持认为只有社会主义道路才能解决中国积贫积弱、内忧外患的不利局面。争论的结果是使得广大青年认识到了什么是社会主义、什么是科学社会主义。第三，是马克思主义与无政府主义的论战，结果使得一大批无政府主义者转为马克思主义信仰者。这三次大论战极大地扩大了马克思主义在中国的传播，壮大了马克思主义者队伍，为之后建立无产阶级政党营造了非常好的社会基础。

随着马克思主义学说在中国的广泛传播，全国各地纷纷建立起马克思主义研究会和共产主义小组。1920 年 4 月，受共产国际指派来华的苏俄共产党（布尔什维克）代表维经斯基等人与陈独秀和李大钊取得联络，讨论筹建中国无产阶级政党。陈独秀等人在上海组织马克思主义研究会，并经几个月的酝酿筹备，在维经斯基等人的指导下，在上海建立起中国共产党上海发起组，然后分别联络北京、广州、武汉、长沙等地进步分子，组建了共产主义小组，并于 1921 年 7 月 23 日在上海召开了中国共产党第一次全国代表大会。中国共产党的成立是开天辟地的大事件，从此，中国革命的面貌焕然一新，中国人民有了代表自身利益的政党。

在中国这样一个处于半殖民地半封建社会、经济文化极其落后的东方大国，无产阶级政党如何进行革命是没有现成答案的，只能在艰苦卓绝的实践探索中找到适合自身国情的革命道路，而对于一个刚刚成立的政党来说，要想实现自己的远大理想，则必须作出现实的策略性的选择。当时的中国共产党人为了早日实现民族独立、国家富强和人民幸福，在自身力量比较薄弱的情况下，积极主动选择与国民党合作。1924年，国民党一大召开，在大会上孙中山表示接受中国共产党提出的反帝反封建的主张，对内打倒军阀，对外打倒帝国主义，大会同时通过了"联俄、联共、扶助农工"三大政策，实现了国共合作，同意共产党员以个人身份加入国民党。国共合作，加强了各革命阶级的联合，推动了革命高潮的快速到来，国民大革命轰轰烈烈地展开了，并取得了阶段性胜利。但就在最终胜利到来之际，以蒋介石为代表的国民党反动派在国内外反动势力的支持下，于1927年悍然发动了"四一二"反革命事变，大肆捕杀共产党员和革命群众，全国陷入白色恐怖之中，第一次国共合作全面破裂，国民大革命失败。幼年的中国共产党遭受了最为危险的考验，也在白色恐怖的氛围中锻造了自身的革命主义精神。这一阶段可以说是社会主义道路和共产主义事业在中国的第一次试验，虽然暂时失败了，但是它的历史功绩将为后来者奠基，成为为共产主义事业奋斗的一块基石。

共产主义从理论到实践、从西方到东方、从空想到科学，社会主义从一国到多国、从初步探索到纵深发展，走过了近500年。回顾这一伟大历程，我们可以看到，共产主义是一个现实的生成运动，也就是说，共产主义是奋斗出来的，是一代又一代人干出来的，它并不在遥远的未来，而是在每个人的脚下，基于每个人对美好生活的追求。我们也要知道，共产主义事业是前无古人的伟大事业，没有现成的经验可以借鉴，我们只能随着时代和实践的不断发展进行不懈的实践探索。同时我们也要看到，共产主义事业首先是民族的事业，共产主义的伟大事业必然与本民族的历史和传统有着密切联系。共产主义没有统一的模式，却有其独特的奋斗轨迹，比如我们正在进行的中国特色社会主义建设事业。

延伸阅读

1. 恩格斯：《社会主义从空想到科学的发展》，人民出版社 1997 年版。

2. 毛泽东：《论十大关系》，《毛泽东文集》第 7 卷，人民出版社 1999 年版。

3. 习近平：《深入学习中国特色社会主义理论体系 努力掌握马克思主义立场观点方法》，《求是》2010 年第 7 期。

深度思考

1. 为什么说共产主义运动史就是一部奋斗史？

2. 谈一谈如何在新时代坚持和发展中国特色社会主义。

3. 习近平总书记说："坚持不忘初心、继续前进，就要牢记我们党从成立起就把为共产主义、社会主义而奋斗确定为自己的纲领，坚定共产主义远大理想和中国特色社会主义共同理想，不断把为崇高理想奋斗的伟大实践推向前进。"请谈一谈对这段话的理解。

第三章

艰苦奋斗：
共产党人的精神品格

中国共产党人在长期的革命、建设和改革实践中形成了艰苦奋斗的优良传统，并将其作为中国共产党的政治本色和价值取向，进而内化为中国共产党人的精神品格。正如马克思所说："历史把那些为共同目标工作因而自己变得高尚的人称为最伟大的人物；经验赞美那些为大多数人带来幸福的人是最幸福的人"[①]。始终以马克思主义为指导思想的中国共产党人，自觉地将崇尚节约、艰苦朴素、反对铺张浪费的优良作风，不畏艰难、与时俱进、锐意进取的思想品格，安于清贫、乐于艰辛、苦己为民的高尚节操，作为中国共产党人应具备的精神品格，并在不断的艰苦奋斗中净化灵魂，磨砺意志，坚定信念。

一、艰苦奋斗源于共产党人的优良作风

艰难困苦，玉汝于成。中国共产党历经近百年的风雨沧桑，成长为一个有着8900多万名党员的大党。在中国共产党带领下，我国已从新中国成立初期的一穷二白、百废待兴，成为今天的世界第二大经济体；中华民族也日益从世界舞台的边缘，到现在不断接近世界舞台的中央。时光的沧海

[①] 马克思：《青年在选择职业时的考虑》，《马克思恩格斯全集》第 1 卷，人民出版社 2002 年版，第 459 页。

桑田，时空的斗转星移，时代的风云变幻，中国共产党人披荆斩棘、乘风破浪，始终保持着蓬勃的生机和旺盛的活力，保持着无产阶级政党的先进性、人民性和革命性，这无疑是马克思主义科学理论武装的结果，也是中国共产党人保持优良作风、不断艰苦奋斗的结果。

（一）艰苦奋斗是共产党人的安身立命之本

艰苦奋斗是共产党人的安身立命之本。翻开历史长卷，不难发现，在中外历史上，无论是封建王朝的更迭还是农民起义所建立政权的兴衰，无不是建立初期其开创者励精图治、艰苦奋斗，甚至造就了若干个"太平盛世"，但在其中后期，由于精神懈怠，丢掉了创业安身立命之本，导致贪图安逸、奢靡腐化之风在政权组织内盛行与泛滥，导致其从鼎盛走向衰亡，这就是由盛而衰、始兴终亡的历史周期率。追根溯源，封建政权为一人一姓之天下，难以透彻理解"天下为公"的道理，更不会真正和切实地为人民利益着想。对其而言，"忧劳"可以一时，"奢逸"总要成为最后的追求。中国几千年的历史经验反复印证了这样一个道理：艰苦创业，励精图治，才能长治久安；居安忘危，骄奢淫逸，必然走向衰亡。对于一个政党、一个国家、一个民族，道理莫不如此。

"生于忧患，死于安乐。"败，固应不馁；胜，尤须思危。这是自然界的辩证法，也是历史发展的辩证法。这一道理始终在昭示和警示着人们：居安思危则存，贪图安逸则亡。就此问题，习近平同志深刻指出："没有什么捷径可走，不可能一夜之间就发生巨变，只能是渐进的，由量变到质变的，滴水穿石般的变化。如果我们一说起改革开放，就想马上会四方来助，八面来风，其结果，只能是多了不切实际的幻想，少了艰苦奋斗的精神；如果我们一谈到经济的发展，就想到盖成高楼大厦，开办巨型工厂，为追求戏剧性的效果而淡漠了必要的基础建设意识，那终究会功者难成，时者易失！"① 作为安身立命之本的精神品格，中国共产党人的艰苦奋斗体现在政治思想上的精神振奋，积极向上，斗志旺盛，为实现共产主义远大理想奋斗不息；体现在现实工作中的不怕困难，不讲条件，不避艰险，吃苦耐劳，勇挑重担，为实现党的最高理想和最终目标奋斗不止。通过这样持续不懈的艰苦奋斗，才写就了中国共产党领导全国人民开创的一个又一个崭新的历史篇章。

正反两方面经验告诉我们：一个政党、一个国家、一个民族，如果不提倡艰苦奋斗、勤俭节约，总想在已有的物质文明成果上坐享其成、贪图享乐、不思进取，那么，这样的政党、这样的国家、这样的民族，是毫无希望的，是迟早要走向衰亡的。艰苦奋斗精神之于政党、国家和民族是须臾不可离的。昨天的理论未必能解释今天的现实，今天的经验也未必能解决明天的问题，没有一劳永逸的知识和经验，有的只能是持续不懈、不断探索的艰苦奋斗精神。也就是说，中国共产党人要始终跟上时代潮流和事业前进的步伐，成为引领时代浪潮和新时代的弄潮儿，就必须继承和弘扬埋头苦干、负重奋进的精神，千万不能因为物质生活条件的改善而在精神生活上自我放纵，丢掉了我党长期以来坚持和弘扬的优良作风和优良传统。共产党人切不可因一时的贪图安逸而丧失革命斗志，把沉湎于吃喝玩乐、风花雪月当作"活得潇洒""活得滋润""活得明白"，而把夙兴夜寐、埋头苦干、艰苦奋斗看成"活得太亏""活得太累""活得不值"，否则，就会因生活中的点滴小事而逐渐丢掉艰苦奋斗精神，就可能在生活方面由逸入奢，最终在理想信念和党性原则面前沦为"糖衣炮弹"的牺牲品。

---

① 习近平：《滴水穿石的启示》，《摆脱贫困》，福建人民出版社1992年版，第58页。

（二）艰苦朴素是共产党人的优良作风

历览前贤国与家，成由勤俭败由奢。邓小平在谈到艰苦朴素的问题时曾指出，全国刚解放的时候，我们有些连级干部就去当县委书记，文化水平并不高，工作却能胜任，而且还当得不错。其中，一个重要的条件就是艰苦奋斗、勤俭节约、联系群众、作风好。作为我们党的三大优良作风之一，艰苦朴素是无数老一辈无产阶级革命家和全体中国共产党人的执着和坚守。正是这一坚守和执着，才使得中国共产党一路走来，从无到有，从小到大，从弱到强；一路坎坷、一路风雨、一路开拓、一路进取；一路拼搏、一路收获、一路成长、一路壮大。崇高的目标使我们党不断求索，博大的心胸使我们党八方来投，顽强的意志使我们党无往不胜，艰苦朴素的优良作风使我们党永远年轻，全党上下勠力同心使我们党前程似锦。这是中国共产党与其他政党的重要区别，是党成长壮大的秘密武器，是党领导人民攻坚克难、实现"两个一百年"奋斗目标的重要保障，推动党的事业不断取得新进展，不断从胜利走向胜利。

革命战争年代，白色恐怖笼罩，敌人封锁严密，物资严重匮乏。老一辈共产党人凭着对革命的一腔热忱、对党的无限忠诚、对民族解放事业的无限憧憬，自力更生、勤俭节约、艰苦奋斗，始终保持艰苦朴素的优良作风，保持劳动人民的纯朴本色，以身作则、身体力行，至今仍有一段段佳话广为传颂。毛泽东一生粗茶淡饭，睡硬板床，穿粗布衣，一件睡衣竟然补了几十次，穿了几十年；一条毛巾被补了几十块补丁，盖了一辈子。正是党的领导干部的率先垂范，带动了全党上下艰苦朴素作风的形成，才有了八方志士奔赴延安的场景，才有了母亲送儿上战场、妻子送郎杀东洋的壮举，才有了小米加步枪屡战屡胜的奇迹，才有了百万民工支前杀敌的气势，才有了万众一心建立新中国的功绩。

艰苦朴素是共产党人的本色，坚持这个本色使党和群众的血肉联系更加紧密，使我们党的事业充满无限生机。当前一些共产党员的宗旨意识淡薄、价值取向错误，认为艰苦朴素过时了，滋生了追求享乐的消极思想，大手大脚地花钱，毫无节制地消费。在现实中，一些党员领导干部的蜕化变质，往往都是从吃喝玩乐、追求享受开始的，教训十分深刻。习近平总书记曾深情地说，我多次读方志敏烈士在狱中写下的《清贫》，那里面表达了老一辈共产党人的爱和憎，回答了什么是真正的穷和富，什么是人生最大的快乐，什么是革命者的伟大信仰，人到底怎样活着才有价值，每次读都受到启示、受到教育、受到鼓舞。今天，虽然日子富了，条件好了，但艰苦朴素、勤俭节约的优良作风不能丢，它是我们牢记信念、勇挑重担、团结带领群众不断前行的传家宝。无论什么时候，艰苦奋斗的精神、勤俭节约的作风，都是一个社会和时代最主流的时尚，在人们心中都是最美的时代旋律。

知 识 链 接

清贫（节选）

——方志敏

我从事革命斗争，已经十余年了。在这长期的奋斗中，我一向是过着朴素的生活，从没有奢侈过。经手的款项，总在数百万元；但为革命而筹集的金钱，是一点一滴的用之于革命事业。这在国方的伟人们看来，颇似奇迹，或认为夸张；而矜持不苟，舍己为公，却是每个共产党员具备的美德。所以，如果有人问我身边有没有一些积蓄，那我可以告诉你一桩趣事：

就在我被俘的那一天——一个最不幸的日子，有两个国方兵士，在树林中发现了我，而且猜到我是什么人的时候，他们满肚子热望在我身上搜出一千或八百大洋，或者搜出一些金镯金戒指一类的东西，发个意外之财。那知道从我上身摸到下身，从袄领捏到袜底，除了一只时表和一支自来水笔之外，一个铜板都没有搜出。

…………

清贫，洁白朴素的生活，正是我们革命者能够战胜许多困难的地方！

（三）崇尚节约是共产党人的态度和作风

崇尚节约是一种态度和作风。在党的历史上，艰苦奋斗、崇尚节俭是每一个中国共产党人应该具备的重要素质，它不仅影响党员干部自身的工作态度和生活作风，而且因党员干部地位作用的特殊性而影响整个社会风气。因此，我们要保持艰苦朴素、勤俭节约作风，并用此时刻约束自我，警示自我。作为一名党员干部，作为社会主义事业的建设者和主力军，党员干部要时刻从人民的利益出发，而不是从个人利益出发。工作上要勤勤恳恳，不搞排场，尊重他人的劳动成果。要以艰苦朴素、勤俭节约为荣，以奢侈浪费为耻，做到"以勤养志、以俭养德"。

在对待国家财产和集体财物上精打细算，开源节流，增产节约，增收节支，不铺张浪费。我国正处在发展的关键时期，"花钱"的地方还很多——经济发展需要投入，民生改善也需要大量资金。因此，必须牢牢树立过紧日子的思想，创新财政工作理念，按照公共财政的要求，不包揽由市场解决的事务，多做"托底""补短板"的事情，要把"好钢用在刀刃上"，重视支出效果，重视培植财源。办每一件事、花每一分钱都要认真思考该不该花，效益怎么样，要真正做到不该花的钱一分也不花，该花的钱也要省着花。

在个人生活上要艰苦朴素、克勤克俭，不奢侈腐化。无数革命先烈和老一辈革命家在这方面率先垂范，做出了好的榜样。周恩来一生十分节俭，从不浪费，甚至出国访问都穿着打了补丁的内衣。朱德一生坚守和倡导艰苦朴素，他的衣服已经洗得发白，领口和袖口都打了补丁。在发展社会主义市场经济的新形势下，我们党的队伍总体是好的，主流是健康的，是经得起考验的。但也有极少数共产党员，甚至一些领导干部，或是惧怕艰苦，贪图享受，革命意志衰退；或是贪污受贿，权钱交易，蜕变为腐败分子。这些人的问题，看似性质和程度不尽一致，但有一点却是共同的，即都是在个人生活上出了问题，进而放松、放纵自我，从思想上自觉不自觉地解除武装，丢掉了中国共产党人艰苦朴素的传统，丧失了共产党人的本色，最终走向堕落和腐败。

二、艰苦奋斗源于共产党人的思想品格

艰苦奋斗精神是中国共产党诞生、发展和壮大的法宝。从某种程度上说，中国共产党的历史就是一部党领导全国人民不断艰苦奋斗的历史。在长期的革命、建设和改革的实践中，中国共产党人一直艰苦奋斗、自强不息、历经磨难、斗志弥坚，从而百炼成钢、愈加坚强。战争年代的井冈山精神、长征精神、延安精神和西柏坡精神，建设时期的大庆精神、红旗渠精神、"两弹一星"精神，改革开放时期的抗洪精神、抗击非典精神以及载人航天精神等，其背后都包含着艰苦奋斗精神。

中国共产党人始终保持着艰苦奋斗精神，与人民群众建立了深厚的感情。归根结底，始终保持艰苦奋斗精神的根本目的就是为最广大人民群众服务，不断把人民群众的利益维护好、实现好、发展好。具体而言，中国

共产党人只有始终保持艰苦奋斗精神，心中装着人民群众，才能在思想上、作风上真正贴近群众，才能做到权为民所用、情为民所系、利为民所谋，人民群众才会认为你是与他们站在一起的，对他们是有感情的，是真诚地为他们服务的，进而才会信任你、支持你，心甘情愿地与你同心同德，向着既定的目标共同奋斗。这种是真正的铜墙铁壁，是任何力量也打不破的。如果不能保持艰苦奋斗的本色，就不可避免地要产生官僚主义、形式主义和极端个人主义，走向群众的对立面。

（一）不畏艰难是艰苦奋斗精神的基本内核

当艰苦奋斗上升为一种精神时，就意味着它是一种超越时空、超越客观条件、超越个体行为的存在，具有普遍性和独立性的特征。不畏艰难困苦的奋斗精神作为艰苦奋斗的内核，已经上升为中国共产党人的精神气质和思想境界，深深融入中国共产党人的血脉之中，成为我们党区别于其他政党的标志和象征。

中华民族历来以不畏艰难、不怕吃苦而著称于世，这种宝贵的精神造就了中华民族在世界文明史上的辉煌地位。中国共产党的奋斗历程启示我们：党领导的事业的兴衰成败，与不畏艰难、艰苦奋斗精神休戚相关。近百年来，我们之所以能创造中华民族发展史上乃至人类历史上亘古未有的伟大事业，最为重要的一条就是，党领导全国人民发扬不畏艰难的奋斗精神，以前所未有的勇气和决心在不断地努力前进。现在看来，近百年的中国共产党人的奋斗史尤其是改革开放 40 年的经验表明，在经济得到可喜发展、人民生活水平得到改善的情况下，应当而且必须告诫人民尤其是广大共产党员继续保持不畏艰难、继续艰苦奋斗的精神。

中国共产党自诞生之日起就肩负着神圣使命，不仅要"破坏一个旧世界"，而且还要"建设一个新世界"，也就是继续领导人民解放和发展生产力，消灭剥削，消除两极分化，实现共同富裕，最终实现共产主义。历史已经证明，"建设一个新世界"相较"破坏一个旧世界"，其道路的漫长、任务的艰巨和环境的复杂，是有过之而无不及的。完成这个特有历史使命的长期性、艰巨性和复杂性，决定了共产党人必须永远保持不畏艰难、不懈奋斗的精神。

当前，全面深化改革和中国特色社会主义现代化建设的事业更需要不畏艰难的奋斗精神。首先，从全局和整体看，改革进入"深水区"，我国仍处于并将长期处于社会主义初级阶段，这就意味着在今后一个时期内，遇到的阻力、困难、任务只会比之前多，而不会比之前少。其次，以往的经验告诉我们，全面深化改革越困难的时期，也将是人们的思维方式和思想观念愈发容易发生嬗变的时期。我们正处在全面深化改革的关键阶段，建立健全成熟的市场经济，需要利用道德和精神的矫正功能，充分发挥艰苦奋斗精神，以矫正那些不良倾向。

（二）与时俱进是艰苦奋斗精神的时代诉求

艰苦奋斗，是一个永恒的课题，也是一个常讲常新的课题。随着实践的发展、社会的进步，艰苦奋斗精神的内涵也在不断丰富和发展。因此，我们在对艰苦奋斗精神的理解和把握上，也必须适应新形势、新任务的要求，在认识上求深化，在实践中求拓展。艰苦奋斗是我们党在战争时期极为恶劣的条件下提出来的要求，时代在发展，社会在进步，我们国家再不是一穷二白。现在，怎样让艰苦奋斗这"老调"充分弹出"新意"，让这一优良传统在新时代获得生机和活力，关键是用发展的眼光去看待艰苦奋斗，紧跟时代步伐，与时俱进地弘扬艰苦奋斗精神。艰苦是对奋斗状态的一种界定，而不是对其生活状态的必然要求。要按照时代发展的自然规律、经济规律和社会规律，做到手段与目标的统一、形式与效果的统一。具体说来，艰苦奋斗不再是战争年代的"吃窝窝头、穿补丁衣"，不再是新中国成立初期的"出大力、流大汗"，而是解放思想、实事求是、勇于探索、锐意创新。

时代在发展，社会在进步，对艰苦奋斗也应该有新的诠释。诚然，"艰苦"就其字面含义，乃艰难困苦之意。但把"艰苦"与"奋斗"连为一体，构成我们党的优良传统之时，它就被赋予了更为丰富和深刻的内涵。干事业离不开艰苦奋斗，但在不少人眼里艰苦奋斗就是吃苦受累，把艰苦奋斗与禁欲苦行捆绑在一起。因此，一提起艰苦奋斗便觉得是落后时代的"老调常弹"。其实，艰苦奋斗的内涵是动态的、发展的。自毛泽东明确提出艰苦奋斗是中国共产党始终保持的作风以来，艰苦奋斗的内涵就在不断丰富发展。就一般意义来说，我们共产党人所说的艰苦奋斗包含着物质和精神两个方面：从物质方面看，艰苦奋斗要求人们的生活消费必须节制在合理的限度内，与社会的生产力水平相适应，它所提倡的是勤俭节约。从精神方面看，艰苦奋斗是指人们在改造客观世界的活动中，为达到目标而不畏艰难、与时俱进、锐意进取的状态和思想品格，是指人们在改变现状、开创未来的过程中顽强拼搏、奋发向上的精神状态。这种精神状态，主要通过明确的思想态度、艰苦朴素的工作作风和顽强拼搏的工作来展现。因而，对艰苦奋斗的完整理解，应当从思想上、作风上和工作上去把握。

艰苦奋斗是我们党的优良传统，是共产党人的政治本色，是推进事业发展的强大精神动力。党以艰苦奋斗而兴，国以艰苦奋斗而强，人以艰苦奋斗而立。艰苦奋斗无论是过去还是现在，乃至将来，都永远不会因时代的变化而过时，而是具有与时俱进的永恒意义，是中国共产党人必须坚持和传扬的精神财富。其与时俱进的永恒意义在于：在物质匮乏、环境艰苦的条件下，艰苦奋斗能使人保持不畏艰难、锐意进取的意志，去战胜一切困难，达到理想目标；在物质丰富、生活富裕、条件优越时，艰苦奋斗能使人保持勤劳节俭之风，不沉醉于物质享受，不奢侈腐化，继续奋发向上、开拓进取。所以说，艰苦奋斗是一种作风、一种品德、一种风范，是不懈追求、执着干事的精神。新时代中国共产党人要以焦裕禄、谷文昌、杨善洲、廖俊波等先进典型为榜样，永葆时不我待、只争朝夕的精神，以永不懈怠的精神状态和一往无前的奋斗姿态，深扎信念之根，常立精神之"神"，善养浩然之气，常修为政之德，自觉发扬艰苦奋斗精神，不忘初心，砥砺前行，奋力走好新时代的长征路。

（三）锐意进取是艰苦奋斗精神的主要显现

把党的事业不断推向前进，不但需要正确的理论、路线、方针、政策的指引，而且需要锐意进取的精神状态和艰苦奋斗的优良作风，需要中国共产党人模范带头，吃苦在前、享受在后，生命不息、奋斗不止，团结带领人民群众为实现社会主义现代化不懈努力奋斗。艰苦奋斗重在"奋斗"，落脚点在"奋斗"。艰苦奋斗不仅有"艰苦"的含义，更有"奋斗"的要求。之所以把"艰苦"与"奋斗"连在一起，是因为奋斗总不会是很轻松的，它强调精神上要振奋、行动上要刻苦、意志上要顽强。在新的历史时期，艰苦奋斗更应注重"奋斗"。因为物质生活条件越来越优越，在这样条件下也就愈发容易滋长惰性，这时就更需要发扬艰苦奋斗精神，只有这样才能振作精神、集中力量、立足本职工作做出业绩。尤其在各项建设条件还不充分，发展环境并不十分有利的条件下，只有奋斗才能干成事，干成大事。锐意进取，弘扬艰苦奋斗精神，才能让这个优良传统在新时代不仅绽放出美丽的精神之花，而且结出丰硕的实践之果。

艰苦奋斗贵在艰苦，重在奋斗；艰苦奋斗贵在进取，重在奉献。在艰苦条件下要奋斗，在富裕条件下也要奋斗。随着人民生活水平的日益提高和综合国力的不断增强，一些党员干部总感觉条件不同了，艰苦奋斗没那么重要了。有的在生活上沉湎于物质享受、奢侈挥霍、吃喝玩乐、玩物丧志；有的在思想上不求进步，对上级的指示精神不求甚解，无所用心；有的在工作上不求进取，贪图安逸，工作多干一点就觉得吃亏；有的一谈起艰苦奋斗就认为是过苦日子，把艰苦奋斗与过苦日子等同起来，等等。出现这种现象的一个重要原因是，一些党员干部对艰苦奋斗的精神产生了误解，认为艰苦奋斗只是困难时期的要求，现在再提艰苦奋斗已经过时了。事实上，提倡艰苦奋斗不但没有过时，而且更具有重要的现实意义。新时代的长征路，是一条不平坦的坎坷之路，是一条不断探索的曲折之路，也是一条励精图治的奋斗之路，需要我们有不断求索的勇气和百折不挠的斗志，需要我们脚踏实地、真抓实干，从而把远大目标一步步地变成现实。

个人的行为取向、价值意识是可能变化的。在新形势下，有的党员干部艰苦奋斗精神弱化了，有的理想信念动摇，世界观发生蜕变，丧失了党性人格；有的个人主义膨胀，政绩观错位，热衷于弄虚作假搞"形象工程""面子工程"，对群众的疾苦不闻不问；有的经不起权力、金钱、美色的考验，被"糖衣炮弹"击倒。从内因来说，人总有各种欲望和需要，当践行艰苦奋斗精神遭遇波折和挫折时，说明艰苦奋斗精神并没有充分得到社会的尊重和理解，那么其精神品格和精神支撑就有可能产生动摇。从外因来说，灯红酒绿的生活环境、吃喝玩乐的人生哲学、"佛系"自我的价值追求对人们的诱惑非常大，考验异常严峻，这种外部因素的反复刺激，在一定条件下也会引起内心信念的变化。这就要求各级领导干部一定要牢记"两个务必"，艰苦奋斗、居安思危，坚韧不拔、锐意进取，任何时候都不能涣散革命意志，不能弱化艰苦奋斗精神。

三、艰苦奋斗源于共产党人的价值取向

　　不同历史时期有不同的流行话语，这些流行话语的嬗变，折射出不同历史时期的社会风尚和价值取向。作为新中国第一个 30 年的流行话语，"艰苦奋斗"曾深深地激励和有力地感召了中华儿女投身到建设社会主义祖国的热潮中，不懈地推动着中国现代化和社会进步的历史进程。而艰苦奋斗精神在不同历史时期有着不同的时代内涵，在不同的工作岗位上有着不同的具体要求。社会在发展，历史在前进，艰苦奋斗也必然要不断被赋予新的内涵。艰苦奋斗作为一种时代精神，既是一种崇尚节约、艰苦朴素、反对铺张浪费的生活作风，也是一种不畏艰难、与时俱进、锐意进取的思想品格。而安于清贫、乐于艰辛、苦己为民，是中国共产党人的价值取向，更是中国共产党人的理智生活、智慧人生。

（一）安于清贫是中国共产党人的理智生活

　　时过境迁，今天我们告别了短缺经济的历史时期，人工智能等科学技术的发展也在很大程度上降低和减少了劳动的辛苦。在一些人看来，今天再提"艰苦奋斗"似乎没有必要了。这一话语逐渐褪色的趋势，不能不认为是一个必须严肃对待的课题。作为新时代的中国共产党人，我们今天面对的是革命先辈们所没有经历过的物质世界，这使我们无须再像前人那样"吃糠咽菜""穿补丁衣"。但如果因为条件的改善、生活水平的提高而抛弃艰苦奋斗的革命意志，我们的思想在物欲的冲击下就可能发生畸变，我们就很难在生活上得到安宁，很难过上一种理智的生活。

　　安于清贫不是为了清贫，而是在即使清贫的物质生活中也能够做到心安、身安和人安，能够以一种理智的生活态度和生活状态，笑对生活对自己的一切考验和现实磨砺。在革命战争年代，我们"节省每一个铜板为着战争和革命事业，为着我们的经济建设"①。在物质短缺年代，一件衣服"新三年，旧三年，缝缝补补又三年"，以此把小家做成大业，从贫困迈向小康，其中贯穿着一种奋发进取、积极向上、坚韧不拔的精神状态。1936年，美国记者埃德加·斯诺在陕北采访时，从他看到我们党的领袖们一些极为细小的事情中，发现了存在于共产党人之中的一种伟大的精神力量。毛泽东住的是简陋窑洞，周恩来睡的是土炕，彭德怀穿的是用缴获降落伞改制的背心，林伯渠的耳朵上用线绳系着断了腿的眼镜，这些都深深感染和触动着这个来自异国的人。他把这种力量叫作"东方魔力"，并断言这种力量是"兴国之光"。这种"东方魔力""兴国之光"，实质上指的就是我们中国共产党人安于清贫、艰苦奋斗的革命精神。它是我们党在革命、建设、改革的长期实践中形成的优良传统，是中华民族的宝贵精神财富，创业不可缺，立国不可少。

艰苦奋斗不仅仅是指物质层面上节制不合理的消费，提倡克勤克俭，反对奢侈浪费，更重要的是指精神层面上的不畏艰难、与时俱进、锐意进取的创业精神。在安逸的环境下，人们往往会因为一切风平浪静而悠然自得、丧失斗志，一旦危机骤起，便无力抗争了。因此，越是经济发展，越是生活富裕，越是各方面条件得到改善，越不能丢掉艰苦奋斗精神，而应该随着文明程度的提高，使这种精神成为自觉。全体中国共产党人要牢固树立艰苦奋斗精神，自觉在艰苦奋斗的实践中加强党性锻炼，在全面建成小康社会、开创中国特色社会主义事业新局面的征程中经受住新的考验，努力交出优异的答卷。

---

① 毛泽东：《我们的经济政策》，《毛泽东选集》第1卷，人民出版社1991年版，第134页。

知识链接

斯诺与《红星照耀中国》

1936 年 7 月 11 日，美国记者埃德加·斯诺（1905—1972）在陕北见到了毛泽东。斯诺和毛泽东等进行长谈，到边区各地采访，搜集关于二万五千里长征的第一手资料。深入延安采访期间，他把烙上艰苦奋斗精神印迹的共产党人和人民军队看成一支"神奇的队伍"，虽然衣衫褴褛、缺枪少弹，但具有"东方魔力"，闪烁"兴国之光"，"上帝也征服不了""是无法打败的"。艰苦往往容易流于表象，但斯诺看到的并不只是他们物质上的清苦，更多的是透过毛泽东打满补丁的衣服、周恩来睡的土炕、彭德怀用降落伞布缝制的背心、林伯渠的耳朵上用线绳系着断了腿的眼镜等细节，洞察到了人民军队面对艰难困苦展现出的敢打必胜的坚定信念、蓬勃向上的精神状态、不屈不挠的顽强斗志。1937 年，斯诺根据此行写成的《红星照耀中国》（《西行漫记》），向全世界宣传和介绍了中国共产党的革命和建设事业，增进了西方对中国的了解。

（二）乐于艰辛是中国共产党人的人生智慧

中国共产党的历史，是一部乐于艰辛、艰苦奋斗的历史。从艰辛的生活中，中国共产党人寻找到人生的智慧，寻找到通过人生的艰辛、艰苦奋斗，实现党的目标和任务的途径。北伐战争、土地革命战争、抗日战争、解放战争，中国共产党领导人民经过 28 年浴血奋战，战胜了强大的敌人，推翻了三座大山，涌现出了无数革命英雄人物。李大钊、张思德、刘胡兰、董存瑞等许多革命先烈和民族英雄，他们考虑的是民族的存亡、党的事业，他们是我们党艰苦奋斗的典范。从国情来看，人口多、底子薄，需要一代代人艰苦创业、奋斗不息，才能摆脱贫穷，走向富裕。因此，共产党人必须保持艰苦奋斗精神和作风，抵御各种非无产阶级思想的侵蚀。在党的七届二中全会上，毛泽东针对因为胜利党内可能产生的种种不良情绪，强调务必使同志们继续地保持谦虚、谨慎、不骄、不躁的作风，务必使同志们继续地保持艰苦奋斗的作风。新中国成立后，中国共产党人始终不渝地把艰苦奋斗作为党的作风建设的重要内容，涌现出了无数艰苦奋斗的先进模范人物。雷锋、焦裕禄等一大批共产主义战士和英雄模范为我们树立了光辉的榜样。

乐于艰辛、艰苦奋斗也是马克思主义的根本观点。革命导师列宁在1920 年就讲过：共产主义不是从天上掉下来的。它需要努力、吃苦、创造，在奋斗进程中实现。毛泽东在战争年代就多次论述过艰苦奋斗的思想，并且提出了三大作风和"两个务必"的著名论断，丰富和发展了马克思主义理论宝库。毛泽东在 1957 年 2 月《关于正确处理人民内部矛盾的问题》的讲话中指出："要使我国富强起来，需要几十年艰苦奋斗的时间，其中包括执行厉行节约、反对浪费的方针。"邓小平在党的十一大闭幕词中也指出："要恢复和发扬毛主席为我们党树立的谦虚谨慎、戒骄戒躁、艰苦奋斗的优良传统和作风。"直到 1992 年南方谈话，他都在重申这一根本观点。

实现全面建成小康社会需要中国共产党人继续发扬乐于艰辛的艰苦奋斗精神。昨天的成功并不代表着今后会一帆风顺，过去的辉煌并不意味着未来一马平川。当前，我国进入全面建成小康社会决胜阶段，任务十分艰巨而繁重。从全国来看，人民生活水平总体上达到了小康，但水平还比较低，也不够全面。尽管我国经济总量位居世界第二，但贫困问题依然存在。要在较短时间内解决好这些问题，任务不可谓不艰巨。我们不能有任何自满情绪和享乐思想，要发扬实事求是、艰苦奋斗的精神，克服一切阻力、解决一切矛盾，把消除贫困工作一步步做到位。我们今天的富裕，离不开昨天的勤俭；我们明天的更加富裕，需要今天的勤俭。如果没有了艰苦奋斗精神，虽然经济发展了、生活好了，但我们也会失去昂扬向上的进取精神，就会经不起风浪的冲击。

（三）苦己为民是中国共产党人的价值指归

艰苦奋斗作为共产党人的精神品格，是对中华民族传统美德和价值取向的继承和发扬，苦己为民更是中国共产党人的价值。"俭以养廉""忧劳兴国""闻鸡起舞""卧薪尝胆"等名言警句和成语典故，充分昭示了中华民族世代相传的艰苦奋斗精神。以全心全意为人民服务为根本宗旨的中国共产党人，高扬艰苦奋斗的旗帜，毫无疑义是中华民族传统美德和价值取向的继承者和发扬光大者。20世纪60年代初期，面对国外的种种压力和苏联单方面撕毁合同、撤走专家，再加上自然灾害，国民经济严重困难。我们不屈服、不悲观，举国上下，从毛泽东到广大人民群众，吃苦耐劳，自强不息，勒紧腰带过日子。毛泽东对自己实行"三不"：不吃肉，不吃蛋，不超粮食定量，严格控制伙食标准。朱德的夫人康克清带领孩子挖野菜，以解决粮菜的匮缺。周恩来居住的西花厅因年久失修曾经用脸盆接雨。正是这种同甘苦、共患难的伟大品格和艰苦奋斗的精神，才使我国度过了最困难的时期，并取得了一个又一个胜利。1964年第一颗原子弹爆炸成功，1967年氢弹试验成功，1970年第一颗人造卫星上天，中国取得的每一个重大成就都让全世界刮目相看。

我们提倡艰苦奋斗，但决不反对不断提高人民群众的生活消费水平，也不反对逐步改善领导机关和领导干部的工作和生活条件。正常合理的消费是无可指责的，而且还应该鼓励。但是，如果消费超出了合理的限度，甚至把炫耀、纵欲作为消费的目的，导致畸形消费，那就成了铺张浪费。铺张浪费的消费行为不但造成社会财富的极大浪费，也会产生物欲喧嚣的氛围。我们反对的是脱离经济社会发展水平的过度消费，反对的是讲排场、比阔气和各种铺张浪费行为。抗日战争爆发后，著名爱国华侨陈嘉庚到国统区重庆，蒋介石花 800 美元用山珍海味款待他；而在延安，毛泽东用自己种的豆角和西红柿请他吃饭。陈嘉庚不禁感叹道："得天下者，共产党也！"在我们党的发展史上，许多伟大军事家、政治家、革命家，无不是具有坚强意志的人，面对困难，他们敢作敢为，不达目的决不罢休；面对风险，他们沉着冷静，果断作出决策，处理危机；面对挫折，他们毫不气馁，从不退缩，反而越挫越勇。面对严重自然灾害，焦裕禄忍着病痛同全县干部群众一起顽强斗争、不懈奋斗，兰考"三害"得到有效治理；面对山光水枯、荒凉空旷的大亮山，杨善洲带领乡亲住帐篷、点油灯，创造出了一个绿色奇迹；面对严重的高原反应、巨大的昼夜温差，钟扬将自己变成了一粒种子，永远扎根在青藏高原……这就是共产党人铁一般的意志，越是条件艰苦、越是困难重重，越能够培养吃苦耐劳、坚韧不拔的优秀品格和脚踏实地、艰苦奋斗的优良作风。

在新形势、新使命、新机遇面前，我们同样须臾不可丢掉艰苦奋斗这个传家法宝，务必清醒地认识到：一方面，西方敌对势力对我国实施"西化""分化"的政治图谋没有改变，他们极力输出其政治主张、价值观念、生活方式，与我们进行意识形态较量。另一方面，与发达国家相比，我国物质条件并不丰富，生活水平仍然比较落后。因此，在与发达国家同台竞技的过程中，艰苦奋斗仍然是我们抓住机遇、加快发展、缩短与发达国家差距的重要法宝。任何盲目乐观、安于现状、追求享乐的思想和行为，都会使我们丧失发展机遇，延误中华民族复兴。所以，大力弘扬艰苦奋斗之风，铸造中华民族复兴的强大精神支柱，是事关 21 世纪我国社会主义前途命运的重大政治问题。我们必须从巩固执政地位的政治高度，深刻认识弘扬艰苦奋斗作风的极端重要性，真正把艰苦奋斗作为一种精神品格，一个历史责任。

延伸阅读

1．马克思：《雇佣劳动与资本》，《马克思恩格斯选集》第 1 卷，人民出版社 2012 年版。

2．马克思：《哲学的贫困》，《马克思恩格斯选集》第 1 卷，人民出版社 2012 年版。

3．习近平：《摆脱贫困》，福建人民出版社 1992 年版。

深度思考

1.为什么说艰苦奋斗是中国共产党人的精神品格?

2.结合自己的工作实际，谈一谈如何在新时代继续弘扬艰苦奋斗精神。

3.习近平总书记说："我多次读方志敏烈士在狱中写下的《清贫》。那里面表达了老一辈共产党人的爱和憎，回答了什么是真正的穷和富，什么是人生最大的快乐，什么是革命者的伟大信仰，人到底怎样活着才有价值，每次读都受到启示、受到教育、受到鼓舞。"请谈一谈对这段话的理解。

第四章

文化传统：
自强不息的民族精神

中华优秀传统文化是中华民族在长期的共同生活和生产中积淀形成的精神财富，是凝聚民族认同的共同记忆，也是中华民族赖以生存、共同发展的根脉和灵魂。习近平总书记指出："中华优秀传统文化是中华民族的精神命脉，是涵养社会主义核心价值观的重要源泉，也是我们在世界文化激荡中站稳脚跟的坚实根基。"①中华优秀传统文化作为文化基因代代相传，潜移默化地影响着中国人的思想方式和行为方式，深深植根于中国人的精神，也深刻地塑造了中国的文化品格，直至今日依然是中国文化精神的基本内核。其中，自强不息的文化传统作为民族传统的重要部分深刻地影响和塑造了中华民族的性格，使中华民族在历史上就形成了自强不息、吃苦耐劳、勤劳勇敢的优秀品格，为中华民族的发展壮大提供了源源不断的动力。在中华民族走向伟大复兴的今天，我们需要更加自觉地继承这一传统，使自强不息的精神在当今社会更加发扬光大。

一、"以人为本"的哲学观

任何文化传统都需要哲学作为基础，这是因为哲学能够从最根本的层面对传统作出解释和论证，从而保障传统的权威，捍卫传统的价值，使它

---

① 习近平：《在文艺工作座谈会上的讲话》，《人民日报》2015 年 10 月 15 日。

能够经受住漫长的历史检验。自强不息作为中华民族的优良传统，同样有其哲学的基础。概而言之，中华民族之所以能够形成这一深厚的传统，正是因为中国在很早的时期就形成了以人为本的哲学观念，这种以人为本的哲学观念强调人的存在价值，鼓励人的主动性，从而在根本上释放了人的巨大潜能。因此，如果要深入了解中华民族自强不息的精神，就必须首先了解以人为本的哲学观念。

以人为本是指将人作为一切问题的根本、中心以及目的。在世界历史上，尽管许多民族的文化都不同程度地体现着这一哲学观念，但是以此著称于世的却首推中华传统文化。正如中外许多学者所指出的，中国古代文化的最大特色，一言以蔽之，就是人文精神，即以人为本的精神。相比于世界上其他文明，中国人是最早以此作为自己文化的基本精神的，在中国漫长的历史发展中，中国传统文化将这一哲学观念发展得最为充分、丰富而深刻。

以人为本这一观念产生的原因在于如何看待和处理人与神的关系。在人类文明的早期，各种文明都曾出现过原始的宗教，并深受宗教的影响，中国也不例外。据学者考察，中国在商代以前也是以神为本，相信存在具有绝对意志的人格神，掌握着人间社会生杀予夺的大权。但是从西周开始，中国文化就出现了思想上的飞跃，从以神为本开始转向以人为本。当时的人们虽然没有完全否定神的存在，但是人们已经普遍形成一种共识，就是人类的社会生活，不管是政治生活、经济生活，还是道德生活，在所有人世间的生活中，人比神更重要，人与神比起来，人显得更重要。据《左传》记载，当时已有人提出"天道远，人道迩"的观点，指出相对于不可测的、神秘的天道，人之道即人类社会的规律、道理才是更现实、更有把握的，人应当将注意力更多地转向现实社会与人生，而不该过多地沉迷于神灵。因此，中国早在西周时期就明确地确定了以人为中心、重视现实的价值取向，在人和神的关系中将人视作根本，这成为中国以人为本思想的最早起源。后来的儒家继承了这一传统，孔子在《论语》中讲"敬鬼神而远之""未知生，焉知死""未能事人，焉能事鬼"，这些论述都鲜明地表达出了儒家关注的重点是人的生活，而不是神的世界。

将现实人生与宗教相对地分离开，带来的根本的影响之一就是极大地提高了人自身的存在感，提高了人的地位和价值。在宗教的观念中，往往存在着一个超越于常人的神，在完美和权威的神的映照下，人因为人性的缺陷以及无法掌控自身命运的原因，永远处于相对卑微的一端；同时，由于人与神的绝对差别，人永远无法成为神，因此人需要始终服从听命于神的教导。中华传统文化由于在历史的早期就转向了以人为本的方向，因此在中华文化中并不存在着一个超越于人的存在者，人被视作最宝贵、最重要的存在。西周时期，中国典籍中就有"人为万物之最灵贵者"的思想，认为人是世间万物中最有灵性、最重要的存在。世间万物没有什么能比人更宝贵。《尚书》也讲："惟天地万物之母，惟人万物之灵。"将人和万物比较，虽然人与万物都是造化所生，但是人是万物中最有灵性、最有能力的。先秦思想家荀子更具体地将天地万物分成四类，并进一步肯定人的存在："水火有气而无生，草木有生而无知，禽兽有知而无义，人有气有生有知，亦且有义，故最为天下贵也。"相比于其他三类，人有生命、有知觉、有道德，人拥有最多的禀赋，因此人最为可贵。

知识链接

《尚书》

《尚书》，亦称《书》《书经》，是儒家经典之一，约成书于公元前5世纪。传统《尚书》（又称《今文尚书》）由伏生传下来。传说为上古文化"三坟五典"遗留著作。西汉学者伏生口述的 28 篇《尚书》为《今文尚书》，鲁恭王在拆除孔子故宅一段墙壁时发现的另一部《尚书》，为《古文尚书》。西晋永嘉年间战乱，《今文尚书》《古文尚书》全都散失了。东晋初，豫章内史梅赜给朝廷献上了一部《尚书》，包括《今文尚书》33 篇，以及伪《古文尚书》25 篇。《尚书》由此被列为儒家经典之一。"尚"即"上"，《尚书》就是上古的书，它是中国上古时期历史文献和部分追述古代事迹著作的汇编，是我国最早的一部历史文献汇编。

在中华文化中，人居于核心的地位，人相对万物具有优越性，这种优越性更进一步地表现在人对天地造化的参与上。中华文化将天地跟人并列为三，称为天、地、人三才，认为只有人能够参与到世界的运行中，有了人类的参与，世界会变得更加有序、更加美好。荀子就曾这样总结过："天有其时，地有其财，人有其治。"天有四时的运转，地能产出各种各样的物产，但是只有人能充分利用四时和物产，创造丰富而文明的生活，使世界更加充满活力。中华文明将人看作最重要的存在，将人与天地并列，极大地肯定和赞扬了人的价值。

随着文明的发展，以人为本的观念超越了宗教领域，进入社会的各个领域，人被视作所有领域中最根本的力量。比如，在政治领域中，中华文化强调再好的管理、再完备的制度都有其缺陷和漏洞。孔子讲："人能弘道，非道弘人。"孟子讲："徒法不足以自行。"荀子讲，"有治人，无治法""法不能独立，令不能自行。得其人则存，失其人则亡"，良好的政治最关键的是使执政者成为有德之君子，只有执法者具有良好的素质才能使良法运行，否则再好的法律也不能自己去运行，人的力量才是最根本的。

以人为本的观念将人作为信念的源头，肯定人的力量，关注人的价值，这成为中国传统文化的哲学基石。在这一哲学观念的影响上，人没有外在的力量可以依凭，也没有外在的权威需要服从，人能够依靠和相信的只有人自身，人的主动性和能动性因此得到了最大限度的释放。

二、"为仁由己"的道德观

在西方文化中，宗教处于核心的地位，对于多数西方人而言，没有宗教的道德是不能想象的，西方道德的基石是宗教。与此不同，在中国传统文化中，宗教的功能基本上是由道德来承担的。中国人在没有外在权威监督的背景下，在内心深处建立起一整套道德体系、伦理观念，进行自我要求、自我规范和自我立法。自强不息的精神也同样如此，它是人的内在价值观念的表现，根基于人的内在的道德要求。

在中华传统文化看来，人性都有向善的可能。无论天生是一个什么品质的人，他作为一个人从本性上来讲都有求上进、求自我完善、求自我发展的要求，这种要求普遍地存在于人性之中，是人性共有的特点。虽然从现实上看，人有善恶的区别，但这是后天教育的结果。孔子讲，"性相近，习相远"，人性的差别是很小的，是后天教育和习俗影响导致了人和人之间的差别。因此，在中华传统文化特别是在儒家文化的传统中，人向上向善的追求是一种根本性的要求，自强不息的精神就是建立在人性向善的基础之上。同时，儒家强调后天环境对人性的影响，"入鲍鱼之肆，久而不知其臭；入幽兰之室，久而不闻其香"。人必须时时留意外界对人性的浸润和侵蚀，外界长期不良影响会阻碍人向善向上的本性，使人甘于沉沦与怠惰。因此，儒家虽然肯定人都有向上向善的本性，但是又极为清醒地指出，人性在现实中时时有堕落的危险，终其一生人都需要自我修养，使人性中向善的意志能够始终呈现出来，修身成德也由此成为中华优秀传统文化的主体内容。这种不断要求完善自我、以修身为本的传统也直接塑造了中华民族自强不息的精神。

中华传统文化肯定人都具有向善向上的本性，因此人发展进步的动力和基础不是宗教，而是反求诸己。通过回归自身的本性来扩展自己的善性，通过要求自己来提升自我，人自身本性的力量被看作最根源性的力量。这样的观念在孔子那里有一种最精练的概括，即"为仁由己"。孔子认为，人想要成"仁"，成为一个具有高尚品格的人，要靠的和能靠的只有自己。并且"我欲仁，斯仁至矣"，只要人们真心地想要提升自我、发展自我，就能够通过修养和实践最终成为一个有仁德之人，因为我们的人性中本来就有道德的、向善的本性。"为仁由己"的观念强调了"己"的重要性，将人的主动性看作人发展、成就、实现自我的最重要的力量，由此形成了中国人自力更生、艰苦奋斗的品格。"为仁由己"的观念在历史中得到了继承和发展。《中庸》讲，"人一能之，己百之；人十能之，己千之。果能此道矣，虽愚必明，虽柔必强"。其大意是：别人一次、十次就能做到的事情，我虽然愚笨一些，但是只要努力百次、千次，我也一定能做到。如果我能在人生中实践这个道理，那么我即使天生是个愚笨柔弱之人，我也能够成为明达强大之人。这句话强调人凭借自己的意志，通过自己的努力，就一定能够变化气质、提升自我。孟子进一步发展了孔子"为仁由己"的观念，提出了人有"四端"的思想。"端"是苗头、开端的意思，"四端"就是指每个人的人性中都埋有四颗种子，这四颗种子分别是恻隐之心、羞恶之心、辞让之心、是非之心，它们是人性中仁义礼智的开端与萌芽，是我们能够形成仁义礼智四种基本道德的源头。在孟子看来，人不需要依靠别人实现自己，只能诉诸自身，通过扩充我们人本性中的善端来改变气质。人都有

"四端"之心，因此，除了少数人受制于天生或其他较为困难的原因，人人都能够依靠自己来立身。如果有人说自己不能通过自己立身，那么这是人放弃了天性之良，是自暴自弃的表现。

知 识 链 接

《中庸》

《中庸》是儒家经典的四书之一，原是《礼记》第31篇，内文的写成约在战国末期至西汉之间，作者是谁尚无定论，一说是孔伋所作，一说是秦代或汉代的学者所作。宋代儒家对《中庸》非常推崇，并将其从《礼记》中抽出独立成书，朱熹则将其与《大学》《论语》《孟子》合编为四书。中庸，为儒家的道德标准；中庸，即中用，"庸"古同"用"。待人接物保持中正平和，因时制宜、因物制宜、因事制宜、因地制宜，儒家的理论根源于人性。

由于中华文化始终坚持"为仁由己"的立场，强调"由己"是人成就自我的根本力量，并在此基础上，提出了人人都可成为圣贤的思想。中华文化在早期就转向了以人为本的方向，在其文化内部没有一个超越于常人的绝对存在，因此在中华文化看来，圣凡之间不存在绝对的割裂，圣人也是常人，圣人和常人之间并不存在无法逾越的鸿沟。孟子就讲过："规矩，方员之至也；圣人，人伦之至也。欲为君，尽君道；欲为臣，尽臣道"。圣人并不是与常人绝对不同的人，圣人只是常人之中将人性扩充得最完善、最完满的人。具体地说，他是一个最好的君王，是一个最好的臣子，是一个最好的儿子，是一个最好的父亲，是一个最好的朋友，等等。因此说到底，圣人也是人，圣人和常人一样拥有相同的人性，只是圣人将人性发展得最为充分而已。正是基于对圣人的这种理解，中华文化有了人人可为圣贤、人人可为尧舜的观念，认为每个人都可以通过自我修养不断提升自我境界而成为圣贤。成圣成贤的观念使人不甘自弃，自任自为，在追求圣贤的过程中极大地推动了自身的发展。

在中国历史上，有很多伟大人物就是在成为圣贤这一观念的鼓舞下最终成就自身的，明代大儒王阳明就是其中一例。王阳明的一生诚如清人王士祯所言："王文成公为明第一流人物，立德、立功、立言皆居绝顶"。王阳明屡出奇兵以一己之力平定宁王之乱，解决了晚明最大的一次政治危机。同时，他创立心学，提出致良知、知行合一等思想，掀起晚明最大的思想浪潮，是中国历史上集立德、立功、立言于一身的传奇人物，受到后世的尊崇。王阳明达到了常人难以企及的人生高度，而当我们回溯他的人生历程，会发现成为圣贤的观念是使王阳明能够历经艰险最终成就自己的深层原因。王阳明12岁时，有一天问他的私塾先生："何为第一等事？"先生回答他说："唯读书登第耳！"青少年时期的王阳明问他的老师，人生第一等的事情是什么？老师回答他说，就是像王阳明的父亲那样高中科举、金榜题名、出人头地，这就是人生的头等大事。听到这个回答，王阳明并不赞成，他若有所思地说道："登第恐未为第一等事，或读书学圣贤耳！"意思是说，科举登第恐怕并不是人生最重要的事情，人生第一等大事乃是读书学做圣贤！天性颖悟的王阳明不满足老师给出的一般答案，小小年纪就将成圣成贤作为最高的人生志向来自我期许。以圣贤自期，少年王阳明给自己立下了高远的志向，此后的50年，当他深陷危机、面临生死考验时，总是反复叩问自己："圣人处此，更有何道？"以此来激励自己奋发有为，而不是屈服命运。此后的人生，王阳明终于凭借自己不屈的意志和顽强的努力，一步一步地实现了他少年时代的志向。因此可以说，王阳明的成功人生一点都不偶然，他所有人生的展开，如果追根溯源可以还原到这个"必为圣人"的起点。

三、"天人合一"的境界观

境界观是中国传统文化的一大特色，境界是一种精神状态、精神天地。儒家主张"立人极"，人要以圣贤人格为向度，以个体的道德自觉，卓然挺立于天壤间，不断地提高人的自我境界。在中华传统文化中，人的境界是没有止境的，人应当精益求精、不断奋斗，不断地提升自我境界。

按照思想大家冯友兰先生在《新原人》中的分法，人能够达到的人生境界大致可以分为四个等级，也就是：自然境界、功利境界、道德境界和天地境界。在冯友兰先生看来，如果一个人只能够顺照人的生物本能或社会风习去做，对自己所做的事情没有任何自觉和反省，这样的人生境界就是自然境界；如果一个人做事都是出于利己的动机，一切以是否对自己有利为标准来做事情，这样的人生境界就是功利境界；如果一个人能够意识到自己是社会整体的一员，自觉地出于社会利益去做各种事情，那么他所做的任何事情就都有了道德的价值，这样的人生境界就是道德境界；如果一个人能够了解到在社会整体之上还有一个更大的整体，也就是意识到了宇宙的存在，意识到自己不仅是社会的一员，而且还是宇宙的一员，他做事情的动机是从宇宙的利益出发，是从这一最大的整体利益出发，那么他所做的任何事情就都有了更大的价值和意义，这种境界就是最高的人生境界，即天地境界。从自然境界、功利境界、道德境界到天地境界，是人超越自身的生物本能、超越自己的小我而走向他人、走向社会、走向宇宙的过程，是一个从低到高的发展过程。因此，对中华传统文化而言，修身养性进德，不断提高自己的人生境界是人的存在方式，也是人生的主要追求，人的进步发展奋斗成为中国人人生的常态。

作为人生的最高境界，天地境界从最高的要求提出人要自觉地遵循宇宙的规律和原则，实现天人合一，以此实现最高程度的个人发展。在历史上，天人合一的观点主要包含两层意义：第一层意义是人是天地所生，人的行为和生活需要服从自然界的普遍规律；第二层意义是指自然界的普遍规律和人类道德最高原则是一而二、二而一的。因此，天人合一的观念不但说明人需要被动地服从自然界的规律，同时指出人需要主动地体会自然界的规律和原则，并将它们自觉地体现在人的行为和生活中，实现天人之间的一致与和谐。如果说把人与自然界区别开，意识到人与自然、人与宇宙是不同的，是人的初步自觉，那么在此基础上，又进一步认识到人与自然、人与宇宙是既有区别又相互统一的，就是达到了更高的自觉。这种高度的自觉能够使人没有离开现实世界同时又超越现实世界，在与自然、宇宙的统一中实现内在的超越。

具体而言，中华传统文化认为天地宇宙本身就有价值，因此宇宙是人值得生存的宇宙，人实现人生价值不必另外追求人间之外的天国，而宇宙的价值最集中体现在它的变化之中。中国古人认为宇宙就是一个生生不息、大化流行的整体过程，万事万物都在变化之中，变化是宇宙最根本的事实，宇宙就是一个变易不息的大流。宇宙的生生不息带来了万物的生长、生命的发展，因此，宇宙的变化是世界创新发展的终极原因。《易传》有言："富有之谓大业，日新之谓盛德。生生之谓易"。宋代思想家张载说："生生犹言进进。"这就是说，宇宙的生生不息使一切事物都在创新发展，宇宙就是一个日新无疆的动态发展的过程。对中国古人来说，他们从来不把宇宙看成一个封闭的系统，相反，人们把宇宙看成是开放、交融互摄、旁通统贯、有机联系的整体；中国古人也从来不把宇宙看成是孤立、静止、不变、机械的，相反，人们认为宇宙是创进不息、常生常化、生生不息的。

正是因为古人将宇宙理解为生生日新的动态过程，对宇宙的这种自觉使人形成了日新其德、不断精进的信念，从而将天命与人性合二为一，将人自强不息的源泉追溯到宇宙自身的形态上。人对宇宙创化流衍的信念，反过来体现在人的身上就是人对自身创造能力的信念。在宇宙精神的感召之下，人类可以创造富有日新的盛德大业，能够日新其德、日新其业、开物成务、与时俱进，创造美好的世界，人在效法天地中形成了不断进取、刚健自强的精神。人在天地之中深切体认到宇宙自然生机蓬勃、盎然充满、创进不息的精神，对这种精神的契会与颖悟，使人将自己的生命过程也视作不断奋进、不断实现的过程。在这种意义上天，人实现了合一，人体会到了个人价值的崇高感，达到了最高的生命境。《周易》中有两句广为流传的话极为精练地总结了天人合一的观念，即"天行健，君子以自强不息""地势坤，君子以厚德载物"，有德之君子之所以能够始终做到自强不息、奋发图强，是因为君子能够仿效上天之德，天所代表的自然运转是从不停止的，君子就是把天道落实到人道，在个人生命中始终奋发有为、永远向前。同时，有德之君子之所以能够做到厚德载物、关心照顾他人，是因为君子能够仿效大地之德，大地能够承载世间的万物，体现出博大的胸怀，那么君子将其落实到人道，就是要在个人生命中始终包容他者、关爱他人。《周易》的经典表述向我们揭示了人需要向自然和宇宙学习，并最终将自然、宇宙的规则落实在人自己身上，形成自强不息、厚德载物的精神品质。因此，我们可以说，天地境界使人能够超越一般的世俗要求，自觉而主动地从宇宙规律出发，以自强不息的精神去回应上天之道，最终实现天人合德、天人合一。

四、"推己及人"的社会观

中华传统文化不仅主张个人的自我成就，而且提出人要学会"推己及人"，在对社会的贡献中帮助他人、成就他人，在利己利他中实现社会的整体发展。换言之，在中华文化看来，人只有突破自我的藩篱，才能在帮助他人的过程中实现个人最大限度的发展。如果一个人只知道关注自我利益，他的人生格局终究是有限的，他的奋斗动力终究会衰竭的；而一个人如果能够做到面向更大的人群，他在服务家庭、社会、国家、世界的过程中就会得到不断成长。因此，对中华文化而言，"推己及人"既是奉献社会、服务他人的高尚行为，更是促使人不断奋斗、不断完善的重要原则。

中国古代社会是一种典型的宗法社会，所谓宗法社会是指以血缘关系为结构、以建立在血缘基础之上的伦理原则来规范和调节社会关系的社会。在宗法社会中，一切社会关系都是家庭关系的延伸，比如将君臣关系类比为父子关系，将师生关系类比为父子关系，将君民关系类比为父子关系，政治关系与社会关系都仿效家庭关系来进行组织和管理。因此，相对于其他文化，宗法社会的存在形式决定了中华文化的精神气质，使它在整体上呈现强烈的伦理精神。受到宗法社会的影响，中华文化总是习惯将人放在一定的伦理关系中来考察和对待，个人价值的实现、个人生命的成长以及个人精神境界的提高，都有赖于个人和他所处关系的良性互动。对中华文化而言，个人始终是嵌入在伦理关系之中的，个人的发展、个人的奋斗始终是面向人群的，他既享受着来自他人的支持和依托，同时也承担着来自他人的寄托和期许。

在中华文化中，伦理关系最集中地体现在家庭之中，家庭也因此占据着古代社会的中心地位。一方面家庭是个人安身立命的重要基础，家庭的伦理关系是整个社会关系的核心；另一方面在整个社会中，家庭作为中心环节，是一个人从个体走向社会的起点和关键，个体、家庭、宗族、国家、天下构成了理想的个人发展图景。在整个发展过程中，由家庭形成的伦理准则是个人走向社会、走向更广大人群的主要遵循。正是因为家庭伦理深入渗透在社会的方方面面，人们普遍形成了重情义的价值观念，在人与人之间更多强调的是自己对他人的责任，而不是首先要求他人对自己的付出。在弥散性的家庭伦理的深刻塑造下，中国人习惯强调自己对家庭、对社会、对国家的责任，总是从责任感出发来立身行事，常常为实现责任而忘记了个人，责任感往往成为中国人社会实践的重要动力。

在责任感的要求下，中国人形成了家国天下的情怀，始终勤勉奋进，承担起对家庭社会的责任。正是这份责任感，使中国人在强调独善其身的同时，也强调兼济天下；在提倡明德的同时，也提倡亲民。责任感推动着中国人不断"推己及人"，将自我奉献给家庭、社会、国家，乃至世界，而在承担履行多重责任的过程中，人自然实现了自我的发展。可以说，对中华文化而言，他人绝不是个人奋斗的负担和累赘，恰恰相反，人只有在关爱他人、帮助他人的过程中才会走向更大的发展，人才会在责任感的推动下有所作为，不轻易放弃。

我们也许可以这样说，自强不息作为中华优秀传统文化的重要组成部分，其形成的原因是多方面的。以人为本的哲学观、为仁由己的道德观、天人合一的境界观以及"推己及人"的道德观，从不同角度、不同层次共同塑造了这一优良传统，使自强不息成为整个中华民族的民族性格，推动了中华民族在历史上的发展进步。在当代，自强不息的精神更值得我们发扬光大。正如美国著名学者亨廷顿在《文化的重要作用》中所举的例子那样，自强不息的价值观是东亚能够出现经济奇迹的重要原因。他举例说，20世纪60年代，加纳和韩国作为非洲和亚洲的两个国家在经济发展水平上大体相当，但是经过30年的发展，韩国一跃成为工业巨人，被誉为亚洲"四小龙"之一，经济水平名列世界第14位。然而，加纳的经济仅相当于同时期韩国的十四分之一。在对比了以上两个国家经济发展呈现的巨大差异后，亨廷顿得出一个结论：韩国人珍视节俭、投资、勤奋、教育、组织和纪律，加纳人的价值观则有所不同。简言之，文化在起作用。在亨廷顿看来，作为东亚传统价值观念核心的儒家文化对经济发展产生了巨大的推动作用，包括勤奋在内的亚洲价值观是东亚经济能够实现突飞猛进式发展的重要原因。

习近平总书记在党的十九大报告中指出："文化是一个国家、一个民族的灵魂。文化兴国运兴，文化强民族强。没有高度的文化自信，没有文化的繁荣兴盛，就没有中华民族伟大复兴。"在纪念孔子诞辰 2565 周年国际学术研讨会上，习近平总书记指出："中国共产党人不是历史虚无主义者，也不是文化虚无主义者。……在带领中国人民进行革命、建设、改革的长期历史实践中，中国共产党人始终是中国优秀传统文化的忠实继承者和弘扬者，从孔夫子到孙中山，我们都注意汲取其中积极的养分。"当今中国所处的是一个船到中流浪更急、人到半山路更陡的时候，我们更应当秉承自强不息的精神，知之愈明，行之愈笃，以坚如磐石的信心、只争朝夕的劲头、坚韧不拔的毅力，一步一个脚印把前无古人的伟大事业推向前进。

延伸阅读

1. 冯友兰：《中国哲学简史》，生活・读书・新知三联书店 2009 年版。

2. 陈来：《中华文明的核心价值》，生活・读书・新知三联书店 2015年版。

3. 楼宇烈：《中国的品格》，四川人民出版社 2015 年版。

4. 牟钟鉴：《中国文化的当下精神》，中华书局 2018 年版。

5. 郭齐勇：《中国人的智慧》，中华书局 2018 年版。

深度思考

1. 为什么说奋斗精神是中华民族的文化传统？

2. 结合自己的工作实际，谈一谈在新时代如何弘扬传统文化的砥砺奋进精神。

3. 习近平总书记说："中华优秀传统文化是中华民族的精神命脉，是涵养社会主义核心价值观的重要源泉，也是我们在世界文化激荡中站稳脚跟的坚实根基。"请谈一谈对这段话的理解。

第五章

革命文化：
不懈奋斗的精神灵魂

中国共产党是中国工人阶级的先锋队，是中国人民和中华民族的先锋队，代表中国先进文化的前进方向，代表中国最广大人民的根本利益。中国革命的历史是中国共产党带领人民群众创造的历史，中国共产党史是"一切从人民利益出发，一切为了人民"的发展史，是把为人民服务、造福人民当成各项事业之终极目标的奋斗史。马克思、恩格斯曾说："历史活动是群众的活动，随着历史活动的深入，必将是群众队伍的扩大。"[①] 人民群众是社会历史的推动者、创造者，中国人民是具有伟大奋斗精神的人民。在中国共产党的领导下，工人阶级不断壮大，中国革命最终取得胜利。中国共产党领导的革命胜利开辟了中华民族伟大复兴的道路，在全面建设社会主义现代化强国征程中，埋头苦干、众志成城，为实现"两个一百年"奋斗目标和中华民族伟大复兴的中国梦而不懈奋斗。

一、中国革命始终站在人民的立场上

习近平总书记指出："人民立场是中国共产党的根本政治立场，是马克思主义政党区别于其他政党的显著标志。党与人民风雨同舟、生死与共，

[①] 马克思、恩格斯：《神圣家族，或对批判的批判所做的批判》，《马克思恩格斯文集》第 1 卷，人民出版社 2009 年版，第 287 页。

始终保持血肉联系，是党战胜一切困难和风险的根本保证"①。中国共产党在领导中国人民进行革命时也始终保持着来自人民、植根人民、服务人民的信念，不断从人民群众中汲取力量。

（一）革命文化在中国共产党领导下生成

革命文化是中国共产党组织和领导人民群众创造的，中国共产党的领导是革命文化最本质的特征。中国共产党始终站在人民群众的立场上，从人民群众出发进行斗争实践活动。

中国革命文化形成于中华民族救亡图存、从苦难到辉煌的历程中。一百多年前的中国危机四伏，承受着帝国主义、封建主义、官僚资本主义的压迫。十月革命给中国送来了马克思列宁主义。1919年，以青年学生为主力军的五四运动促进了思想解放，也促进了马克思主义在中国的传播。中国的先进知识分子把马克思主义作为一种先进文化进行传播，寻求在中国运用先进文化思想诠释救国救民的真理。1921年，在马克思主义思想指导下，中国共产党成立，通过了《中国共产党第一个纲领》，将马克思主义基本原理同中国工人运动相结合，马克思主义思想成为工人阶级斗争的指导思想。中国共产党成立后组织和领导工人阶级进行了一系列工人运动，充分体现了工人阶级的伟大革命精神，激发了工人阶级为人民幸福而奋斗的意识。同时，中国共产党把农民视为一支重要的革命力量，肯定了农民革命的重要性和积极性，深入农村，领导人民进行农民运动，中国革命开始展现新的风采。

---

① 习近平：《不忘初心，继续前进》，《习近平谈治国理政》第2卷，外文出版社2017年版，第40页。

知 识 链 接

《中国共产党第一个纲领》

1921 年，中国共产党第一次全国代表大会通过了《中国共产党第一个纲领》（以下简称《纲领》）。《纲领》共 15 条，规定了党的名称、性质和纲领，提出了党的最终奋斗目标。《纲领》宣布"我党定名为'中国共产党'"；规定了党的纲领是：以无产阶级革命军队推翻资产阶级，由劳动阶级重建国家，直至消灭阶级差别；采用无产阶级专政，以达到阶级斗争的目的——消灭阶级；废除资本私有制，没收一切生产资料，如机器、土地、厂房、半成品等，归社会所有；联合第三国际。《纲领》也对党的组织章程、组织原则、组织机构和发展党员作了明确的规定。

土地革命时期，中国共产党在领导各地武装斗争的基础上，创建了中国工农红军，开辟农村革命根据地。在确立了农村包围城市的道路后，中国共产党深入农村开展土地革命、积极发动群众，激起农民群众的革命热情和积极性。在传承乡村传统文化的基础上，中国共产党在乡村加强党的宣传工作，创新乡村文化，使中国革命文化欣欣向荣。抗日战争是近代以来中华民族第一次取得完全胜利的民族解放战争，无数人在抗战中献出了自己的生命，涌现出无数的爱国爱党的抗战英雄。解放战争期间，中国共产党进行"战略防御""战略反攻""战略决战""战略追歼"，体现了中国共产党人有勇有谋，体现了自力更生、艰苦奋斗的革命精神，形成了具有中国革命气质的红色文化。

习近平总书记在庆祝中国共产党成立 95 周年大会上指出："在 5000 多年文明发展中孕育的中华优秀传统文化，在党和人民伟大斗争中孕育的革命文化和社会主义先进文化，积淀着中华民族最深层的精神追求，代表着中华民族独特的精神标识。"中国革命精神在斗争实践中渐渐成为人民群众奋斗的支撑力量，中国革命文化也在不断发展，成为中华民族在中国革命时期特有的精神力量。

（二）中国革命以马克思主义"现实的个人"为出发点

马克思在《德意志意识形态》中说："全部人类历史的第一个前提无疑是有生命的个人的存在。""我们开始要谈的前提不是任意提出的，不是教条，而是一些只有在臆想中才能撇开的现实前提。这是一些现实的个人，是他们的活动和他们的物质生活条件，包括他们已有的和由他们自己的活动创造出来的物质生活条件。"在《德意志意识形态》中，马克思系统地阐述了以"现实的人"即以人的实践为出发的唯物主义文化观。通过对历史唯心主义英雄史观的批驳，马克思主义进一步确定了实现阶级斗争、社会变革的决定性力量——人民群众。

我国古代孟子也有"民贵"的思想，"民为贵，社稷次之，君为轻"，这是孟子重视人民的思想体现。中国共产党代表中国先进文化的前进方向，中国共产党领导中国革命时，就将人民群众的利益放在首位。作为一个无产阶级政党，中国共产党的革命精神始终体现了全心全意为人民服务的根本宗旨。无数中国共产党人为革命和理想献身，最终都是为实现广大人民群众的根本利益。党的二大通过的《关于议会行动的决案》指出："中国共产党为代表中国无产阶级及贫苦农人群众的利益而奋斗的先锋军"。人民立场是中国共产党的根本立场。中国共产党自成立的那一天起，就坚持把人民放在心中最高的位置，无论何时何地，党和人民始终同呼吸、共命运、心连心，始终把人民对美好生活的向往作为自己的奋斗目标，不断带领人民创造更加幸福美好的生活。历史表明，我们党的根基在人民、党的力量在人民，坚持一切为了人民、一切依靠人民，充分发挥广大人民群众积极性、主动性、创造性，才能不断把为人民造福事业推向前进。

（三）不懈奋斗精神从革命实践中体现

党的十九大报告指出："中国特色社会主义文化，源自于中华民族5000多年文明历史所孕育的中华优秀传统文化，熔铸于党领导人民在革命、建设、改革中创造的革命文化和社会主义先进文化，根植于中国特色社会主义伟大实践。"中国革命文化继承了中华优秀传统文化，是中国特色社会主义伟大实践的精神力量。

在革命实践的各个时期，中国共产党始终坚持站在人民的立场上不懈奋斗。在大革命时期，党领导农民革命运动；土地革命时期，党领导各地人民群众进行武装斗争；抗日战争时期，党领导中国实现民族解放与国家独立；解放战争时期，革命斗争实践更是如火如荼，最终确立了中国共产党的领导地位。中国革命文化正是在新民主主义革命的实践中形成的，中国革命文化在客观上体现了中国共产党人的世界观、政治观、革命观和价值观。中国共产党作为中国先进文化前进方向的代表，把马克思主义的基本原理同中国革命具体实践相结合，创造性地提出了先进的革命理论，并付之于革命的实践，能动地进行了革命文化的创造性实践活动，生成中国共产党人特有的政治文化：中国革命文化。

"不是人们的意识决定人们的存在，相反，是人们的社会存在决定人们的意识。"[1]中国共产党人的初心和使命，就是为中国人民谋幸福，为中华民族谋复兴。中国革命是在敌我力量极为悬殊的情况下进行的，条件极为艰苦，过程极其艰辛。但中国共产党坚定人民导向进行革命斗争实践，这决

---

① 马克思：《〈政治经济学批判〉序言》，《马克思恩格斯文集》第2卷，人民出版社2009年版，第591页。

定了人民立场是中国共产党的根本政治立场。中国革命文化的主体是中国共产党和中国人民，因此，中国革命文化既体现于各级党组织和全体党员的行为规范中，也体现在广大人民群众的日常实践中。

二、不懈奋斗的革命精神是
新时代发展的力量之源

习近平总书记在党的十九大报告中明确指出："继承革命文化，发展社会主义先进文化，不忘本来、吸收外来、面向未来，更好构筑中国精神、中国价值、中国力量，为人民提供精神指引。"中国共产党在领导人民进行革命的历程中，继承和发扬了中华民族优秀的精神文化传统，在不断斗争中形成了红船精神、井冈山精神、长征精神、延安精神、西柏坡精神等等，构成了中国共产党人勇于革命、不懈奋斗的红色文化的精髓。这些不懈奋斗的革命精神是社会主义核心价值观的源头，是新时代发展的精神动力。

人无精神则不立，国无精神则不强。精神是思想和价值的内化，是一个民族流淌在血管中的血液，是一个民族赖以长久生存的灵魂。革命精神是在中国共产党的实践中产生的。

1940 年，毛泽东在总结中国近现代革命胜利的经验时指出："革命文化，对于人民大众，是革命的有力武器。革命文化，在革命前，是革命的思想准备；在革命中，是革命总战线中的一条必要和重要的战线。"[①]中国革命文化植根于中国革命实践，与时代发展相契合，见证了我们党走中国特色社会主义道路的必然性、长期性和曲折性，凝聚了中国人民伟大的爱国

---

① 毛泽东：《新民主主义论》，《毛泽东选集》第 2 卷，人民出版社 1991 年版，第 708 页。

主义力量，是坚持中国道路的力量源泉，它以鲜明的政治立场、崇高的价值取向、深厚的群众基础、坚决的奋斗精神，为实现中华民族伟大复兴提供强大精神动力。中国革命文化是中华优秀传统文化的凝聚升华，是中国共产党和中国人民伟大创造精神的生动体现，是激励人们为实现中国特色社会主义共同理想不懈奋斗的强大精神力量。

（一）不懈奋斗是革命精神的内在特性

革命精神是一代又一代中国共产党人不懈奋斗、艰辛探索形成的宝贵精神财富。无论是建党时期以红船精神为核心的革命文化，还是土地革命时期以井冈山精神、苏区精神、长征精神为核心的革命文化，都充分展现了中国共产党人艰苦奋斗为人民谋福利的崇高理想。

习近平总书记在瞻仰南湖红船时强调，要结合时代特点大力弘扬红船精神，让红船精神永放光芒。这充分体现了中国共产党带领中国人民不断前进的决心。红船精神作为一种敢为人先的创新精神，代表着中国共产党人坚定理想、百折不挠的奋斗精神，彰显出中国共产党人立党为公、忠诚为民的奉献精神，是中国革命精神之源。2016 年 2 月，习近平总书记在江西考察调研时指出："井冈山时期留给我们最为宝贵的财富，就是跨越时空的井冈山精神。"今天，我们要结合新的时代条件，坚定执着追理想，实事求是闯新路，艰苦奋斗攻难关，依靠群众求胜利，让井冈山精神放射出新的时代光芒。

伟大的长征精神，就是把全国人民和中华民族的根本利益看得高于一切、坚定革命的理想和信念、坚信正义事业必然胜利的决心。中国共产党人为了救国救民，不怕任何艰难险阻，不惜付出一切牺牲；坚持独立自主、实事求是，一切从实际出发；顾全大局、严守纪律、紧密团结；紧紧依靠人民群众，同人民群众生死相依、患难与共。

伟大的延安精神是党的性质和宗旨的集中体现，是党的优良传统和作风的集中体现。其主要内容是：坚定正确的政治方向，解放思想、实事求是的思想路线，全心全意为人民服务的根本宗旨，自力更生、艰苦奋斗的创业精神。伟大的延安精神教育滋养了几代中国共产党人，始终是凝聚人心、战胜困难、开拓前进的强大精神力量。

在西柏坡，毛泽东提出"两个务必"，即"务必使同志们继续地保持谦虚、谨慎、不骄、不躁的作风，务必使同志们继续地保持艰苦奋斗的作风"①。这包含着对我国几千年历史的深刻借鉴，包含着对我们党艰苦卓绝奋斗历程的深刻总结，包含着对我们党坚持全心全意为人民服务根本宗旨的深刻认识，包含着我们党不忘初心、牢记使命的革命理想。

知 识 链 接

"两个务必"

毛泽东在党的七届二中全会上要求全党在胜利面前保持清醒头脑，在夺取全国政权后要经受住执政的考验，提出"务必使同志们继续地保持谦虚、谨慎、不骄、不躁的作风，务必使同志们继续地保持艰苦奋斗的作风"。坚持"两个务必"，党才能保持同群众的血肉联系，团结带领人民战胜前进道路上的各种风险和挑战，不断从胜利走向胜利。要跳出"其兴也勃焉，其亡也忽焉"的历史周期率，就要永远牢记"两个务必"。

---

① 毛泽东：《在中国共产党第七届中央委员会第二次全体会议上的报告》，《毛泽东选集》第4卷，人民出版社1991年版，第1438—1439页。

（二）革命精神是实现中国梦的支柱力量

邓小平明确指出了革命文化的重要性："在长期革命战争中，我们在正确的政治方向指导下，从分析实际情况出发，发扬革命和拼命精神，严守纪律和自我牺牲精神，大公无私和先人后己精神，压倒一切敌人、压倒一切困难的精神，坚持革命乐观主义、排除万难去争取胜利的精神，取得了伟大的胜利。……使之成为中华人民共和国的精神文明的主要支柱，为世界上一切要求革命、要求进步的人们所向往，也为世界上许多精神空虚、思想苦闷的人们所羡慕。"①邓小平所指出的五种革命精神，是新时代中国特色社会主义发展的重要精神基石。一个人要有精神，一个国家更需要精神来支撑。革命精神集中体现了中华民族的整体风貌，体现了全国人民共同的价值追求，彰显了中国共产党人不懈奋斗的精神特质。

习近平总书记指出："实现中国梦必须弘扬中国精神。"②中国梦的本质内涵是国家富强、民族振兴、人民幸福，实现中国梦是广大人民群众的共同理想。党的十九大报告指出："实现伟大梦想，必须进行伟大斗争。社会是在矛盾运动中前进的，有矛盾就会有斗争。我们党要团结带领人民有效应对重大挑战、抵御重大风险、克服重大阻力、解决重大矛盾，必须进行具有许多新的历史特点的伟大斗争。"中国革命精神是中华文化的"魂"，可以促进民族振兴和文化发展，提供社会发展和文明进步的动力，提升全国人民的素养。中国革命精神是文化自信的重要来源，是当代培育和弘扬中国精神、凝聚中国力量、提升中国文化软实力、实现中国梦的支柱力量。

---

① 邓小平：《贯彻调整方针，保证安定团结》，《邓小平文选》第 2 卷，人民出版社 1994 年版，第 367—368 页。
② 习近平：《在第十二届全国人民代表大会第一次会议上的讲话》，《人民日报》2013 年 3 月 18 日。

（三）文化自信是弘扬和发展革命精神的必然要求

党的十九大报告指出："没有高度的文化自信，没有文化的繁荣兴盛，就没有中华民族伟大复兴。"革命精神是文化自信的源头，文化自信又是弘扬和发展革命精神的必然要求。中国革命文化是中国传统文化中的优秀成分，它从民族优秀文化传统中汲取了丰厚的滋养，在马克思主义指导下进行文化创新，在中国共产党领导下激励中国人民进行革命实践。中国共产党在领导人民进行革命的历程中，继承和发扬了中华民族优秀的精神文化，为社会主义文化自信提供精神动力。中国革命文化增进政治认同，在此基础上形成对国家的认同度和忠诚度。毛泽东在总结中国革命发生和胜利的原因时指出："伟大的胜利的中国人民解放战争和人民大革命，已经复兴了并正在复兴着伟大的中国人民的文化。"[1] 昭示了中国共产党人的文化自信，彰显了中国革命文化对于实现中华民族伟大复兴的贡献和价值。

习近平总书记指出："文化自信，是更基础、更广泛、更深厚的自信。在 5000 多年文明发展中孕育的中华优秀传统文化，在党和人民伟大斗争中孕育的革命文化和社会主义先进文化，积淀着中华民族最深层的精神追求，代表着中华民族独特的精神标识。我们要弘扬社会主义核心价值观，弘扬以爱国主义为核心的民族精神和以改革创新为核心的时代精神，不断增强全党全国各族人民的精神力量。"[2] 文化自信的最终目标在于激活中国人民血脉中流淌的文化基因，培育出中国人独具特色的文化自觉和文化自信，从而引导人民增强我国文化软实力，建设社会主义文化强国。

无论是革命文化，还是社会主义先进文化，都是在马克思主义指导下形成的文化成果。毛泽东思想、邓小平理论、"三个代表"重要思想、科学

---

[1] 毛泽东：《唯心历史观的破产》，《毛泽东选集》第 4 卷，人民出版社 1991 年版，第 1516 页。
[2] 习近平：《在庆祝中国共产党成立 95 周年大会上的讲话》，《人民日报》2016 年 7 月 2 日。

发展观以及习近平新时代中国特色社会主义思想，作为革命文化和社会主义先进文化的理论指导，既一脉相承又与时俱进。因此，中华民族的精神传统具有一脉相承又与时俱进的特点。中国革命文化作为一种承上启下的红色文化，它既继承了中华民族几千年来的优秀文化传统，又与当时的中国具体实际情况相结合，培育出具有崇高理想的革命精神。而只有坚定文化自信，我党才能更好地凝聚民族力量，将不懈奋斗的革命精神发扬光大。

三、不懈奋斗就要始终保持
坚定不移的理想信念

习近平总书记指出："坚定理想信念，坚守共产党人精神追求，始终是共产党人安身立命的根本。对马克思主义的信仰，对社会主义和共产主义的信念，是共产党人的政治灵魂，是共产党人经受住任何考验的精神支柱。形象地说，理想信念就是共产党人精神上的'钙'，没有理想信念，理想信念不坚定，精神上就会'缺钙'，就会得'软骨病'。"[1]"理想信念动摇是最危险的动摇，理想信念滑坡是最危险的滑坡。一个政党的衰落，往往从理想信念的丧失或缺失开始。我们党是否坚强有力，既要看全党在理想信念上是否坚定不移，更要看每一位党员在理想信念上是否坚定不移。"[2]

历史只会眷顾坚定者、奋进者、搏击者，而不会等待犹豫者、懈怠者、畏难者。坚定理想信念，我们才能向着既定目标奋斗进取，才能更好地做中国革命精神的传承者，才能真正实现伟大梦想。

---

[1] 习近平：《紧紧围绕坚持和发展中国特色社会主义 学习宣传贯彻党的十八大精神》，《习近平谈治国理政》第 1 卷，外文出版社 2018 年版，第 15 页。
[2] 习近平：《在庆祝中国共产党成立 95 周年大会上的讲话》，《人民日报》2016 年 7 月 2 日。

（一）始终坚定马克思主义信仰

党的十九大报告指出："不忘初心，方得始终。中国共产党人的初心和使命，就是为中国人民谋幸福，为中华民族谋复兴。这个初心和使命是激励中国共产党人不断前进的根本动力。全党同志一定要永远与人民同呼吸、共命运、心连心，永远把人民对美好生活的向往作为奋斗目标，以永不懈怠的精神状态和一往无前的奋斗姿态，继续朝着实现中华民族伟大复兴的宏伟目标奋勇前进。"中国革命，就是在中国共产党接受马克思主义的基础上开始的，中国共产党人的初心就是马克思所倡导的为绝大多数人谋福利。马克思在自己中学毕业时所作的《青年在选择职业时的考虑》中就树立了他的人生理想："在选择职业时，我们应该遵循的主要指针是人类的幸福和我们自身的完美。不应认为，这两种利益会彼此敌对、互相冲突，一种利益必定消灭另一种利益；相反，人的本性是这样的：人只有为同时代人的完美、为他们的幸福而工作，自己才能达到完美。"①

信仰是什么？信仰就是依赖，是追求，是信奉。中国革命实践取得胜利靠的是人民群众的力量，靠的是中国共产党的正确领导，靠的是中国共产党对马克思主义的信仰。邓小平在回顾我党历史时指出："对马克思主义的信仰，是中国革命胜利的一种精神动力。"②"为什么我们过去能在非常困难的情况下奋斗出来，战胜千难万险使革命胜利呢？就是因为我们有理想，有马克思主义信念，有共产主义信念。"③中国革命是以马克思的"现实的个人"为出发点的，在革命过程中结合中国具体实际，形成中国化的马克思主义，指导我们党进行斗争实践。中国共产党的行动指南是马克思列宁主

---

① 马克思：《青年在选择职业时的考虑》，《马克思恩格斯全集》第1卷，人民出版社2002年版，第459页。
② 邓小平：《建设有中国特色的社会主义》，《邓小平文选》第3卷，人民出版社1993年版，第63页。
③ 邓小平：《一靠理想二靠纪律才能团结起来》，《邓小平文选》第3卷，人民出版社1993年版，第110页。

义、毛泽东思想、邓小平理论、"三个代表"重要思想、科学发展观、习近平新时代中国特色社会主义思想，每个时期的指导思想都充分体现了为绝大多数人谋福利的马克思主义信仰，表现出中国共产党人不断为人民造福的初心。坚持马克思列宁主义的基本原理，坚定马克思主义信仰，走中国人民自愿选择的适合中国国情的道路，中国的社会主义事业必将取得最终胜利。

（二）始终坚持共产主义远大理想

习近平总书记指出："革命理想高于天。中国共产党之所以叫共产党，就是因为从成立之日起我们党就把共产主义确立为远大理想。我们党之所以能够经受一次次挫折而又一次次奋起，归根到底是因为我们党有远大理想和崇高追求。"[1] 我们党的最高理想和终极目标是实现共产主义。《中国共产党章程》要求："中国共产党党员必须全心全意为人民服务，不惜牺牲个人的一切，为实现共产主义奋斗终身。"共产主义远大理想激励了一代又一代共产党人英勇奋斗，把共产主义信念作为毕生的追求，为了这个理想信念不懈奋斗。

中国共产党党员是中国工人阶级队伍中具有共产主义觉悟的先锋战士。在革命之初，中国共产党领导工人阶级进行了一系列工人运动，宣传了共产主义思想，确立了中国共产党的先进性。在庆祝中国共产党成立 95 周年大会上，习近平总书记指出："坚持不忘初心、继续前进，就要牢记我们党从成立起就把为共产主义、社会主义而奋斗确定为自己的纲领，坚定共产主义远大理想和中国特色社会主义共同理想，不断把为崇高理想奋斗的伟大实践推向前进。"始终坚持我们党的崇高理想是我们党带领全国人民取得

---

[1] 习近平：《不忘初心，继续前进》，《习近平谈治国理政》第 2 卷，外文出版社 2017 年版，第 34 页。

革命胜利的重要原因。

中国共产党以马克思列宁主义、毛泽东思想、邓小平理论、"三个代表"重要思想、科学发展观、习近平新时代中国特色社会主义思想作为自己的行动指南，这是中国不断向前发展的思想基础。发展中国特色社会主义作为共产主义事业的一部分，是实现共产主义必经的过程。在中国革命中，中国共产党人始终坚持解放思想、实事求是，与时俱进、求真务实，坚持全心全意为人民服务，坚持共产主义远大理想，为共产主义事业不懈奋斗。

（三）始终树立中国特色社会主义共同理想

建设中国特色社会主义是实现共产主义远大理想的必经阶段。中国特色社会主义共同理想，就是在中国共产党领导下走中国特色社会主义道路，实现社会主义现代化和中华民族伟大复兴，是我们党带领全国人民实现伟大中国梦的坚定信念。在我国，马克思主义指导思想、中国特色社会主义共同理想、以爱国主义为核心的民族精神和以改革创新为核心的时代精神、社会主义核心价值观，都代表着最广大人民的根本利益。高举中国特色社会主义伟大旗帜，才能使民族兴旺、国家富强、人民幸福。树立中国特色社会主义共同理想，是坚定马克思主义信仰的必然要求，也是坚持中国共产党崇高理想的具体体现。

革命文化是中国特色社会主义文化发展的根基所在，中国特色社会主义共同理想是中国革命精神的现实价值要求的升华，以实现中华民族的根本利益为最终目标，是新时代不断发展的精神动力。有了中国特色社会主义共同理想，奋斗就有了目标和精神动力。习近平总书记指出："理论上清醒，政治上才能坚定。坚定的理想信念，必须建立在对马克思主义的深刻理解之上，建立在对历史规律的深刻把握之上。全党要深入学习马克思列宁主义、毛泽东思想、邓小平理论、'三个代表'重要思想、科学发展观，深入学习党的十八大以来党中央治国理政新理念新思想新战略，不断提高马克思主义思想觉悟和理论水平，保持对远大理想和奋斗目标的清醒认知和执着追求。我们要教育引导广大党员、干部把学习成果转化为提升党性修养、思想境界、道德水平的精神营养，做到真学真懂真信真用，在胜利和顺境时不骄傲不急躁，在困难和逆境时不消沉不动摇，牢牢占据推动人类社会进步、实现人类美好理想的道义制高点。"[①]坚持马克思主义指导思想，树立中国特色社会主义共同理想，弘扬以爱国主义为核心的民族精神和以改革创新为核心的时代精神，是中国共产党人一直坚信的共同信念。习近平新时代中国特色社会主义思想是对马克思列宁主义、毛泽东思想、邓小平理论、"三个代表"重要思想、科学发展观的继承和发展，是马克思主义中国化最新成果，是党和人民实践经验和集体智慧的结晶，是中国特色社会主义理论体系的重要组成部分，是全党全国人民为实现中华民族伟大复兴而奋斗的行动指南，必须长期坚持并不断发展。在习近平新时代中国特色社会主义思想指导下，中国共产党领导全国各族人民，统揽伟大斗争、伟大工程、伟大事业、伟大梦想，推动中国特色社会主义进入了新时代。

延伸阅读

1. 毛泽东:《愚公移山》,《毛泽东选集》第 3 卷, 人民出版社 1991 年版。

2. 习近平:《在纪念毛泽东同志诞辰 120 周年座谈会上的讲话》,《人

[①] 习近平:《不忘初心，继续前进》,《习近平谈治国理政》第 2 卷, 外文出版社 2017 年版, 第 35 页。

民日报》2013 年 12 月 27 日。

3. 习近平：《在庆祝中国共产党成立 95 周年大会上的讲话》，《人民日报》2016 年 7 月 2 日。

深度思考

1. 为什么说中国革命文化是奋斗精神的灵魂？

2. 结合自己的工作实际，谈一谈如何坚守和弘扬中国革命文化。

3. 习近平总书记说："在 5000 多年文明发展中孕育的中华优秀传统文化，在党和人民伟大斗争中孕育的革命文化和社会主义先进文化，积淀着中华民族最深层的精神追求，代表着中华民族独特的精神标识。"请谈一谈对这段话的理解。

第六章

实践向度：
社会主义的本质理解

回顾改革开放以来的中国特色社会主义的伟大实践和辉煌成就，中国共产党人正可谓以不懈奋斗"攻克了一个又一个看似不可攻克的难关，创造了一个又一个彪炳史册的人间奇迹"。正如习近平总书记所说："社会主义是干出来的。"①放眼未来，在新时代要坚持和发展中国特色社会主义，仍需以不懈的奋斗精神去书写中华民族伟大复兴的实践篇章。离开奋斗，就将丧失社会主义的实践基础，也必将走向马克思主义的实践观及其本质规定的反面。

一、不懈奋斗是马克思主义实践品格的内在要求

站在新的历史方位，中国面临的机遇和挑战前所未有，我们比任何时候更为接近中华民族伟大复兴的梦想，但与之相伴的则是极为错综复杂的国内外局势。正如习近平总书记在庆祝改革开放 40 周年大会上所言，"船到中流浪更急、人到半山路更陡"②。面对云谲波诡的时势变幻，如何保持战略定力，使中国特色社会主义道路越走越好、越走越宽，有一个根基性的

---

① 习近平：《在北京大学师生座谈会上的讲话》，《人民日报》2018 年 5 月 3 日。
② 习近平：《在庆祝改革开放 40 周年大会上的讲话》，《人民日报》2018 年 12 月 19 日。

理论问题是绕不过去的，那就是"什么是社会主义"。只有回答好这个问题，才能够真正地做到坚定道路自信、理论自信、制度自信、文化自信，以最好的精神状态，迎接具有许多新的历史特点的伟大斗争。

（一）空想社会主义的理论困境与必然宿命

对美好世界的向往是人类不断实现自我超越的一股永恒的精神力量。当旧世界扭曲的交往关系成了剥夺劳动者自由发展权利的枷锁之时，这些苦难、不公和黑暗的压迫带来的必然是呐喊和反抗。于是，在科学社会主义诞生之前，人们便对社会主义相关理论及其形态进行了有益的探索，最为人们所熟悉的便是空想社会主义。圣西门、欧文、傅立叶等空想社会主义学说的代表们对未来理想的社会状态进行了描绘，对人类的自由和解放的前景进行了展望。

知 识 链 接

欧文的"社会主义实验"

1824 年，欧文来到美国印第安纳州，花了 20 万美元买下了 3 万英亩的土地，开始兴建"新和谐村"，进行社会主义实验。各地的劳苦大众看到了美好生活的希望，从四面八方纷纷赶来，汇集于此，村民人数很快就超过了 800 人。一些著名人士也来到这里，热情地参加新村的建设。凡是到过这里的人，无不连声叫绝，一派赞扬。然而，欧文万里迢迢、漂洋过海、苦心经营的社会主义实验最终走向了破产。因为存在不同的利益基础、不同的价值文化、不同的种族宗教、不同的政治诉求，很快，一些入社的社会上层和普通劳动者之间产生了矛盾。公社村民的消费大于生产，欧文无法解决公社的亏损问题，只好宣告实验失败。与之同期，在美国其他地区甚至有过几十个合作公社，也都陆续失败了。

然而，空想毕竟是空想，空想与科学之间依旧横亘着一条巨大的鸿沟。仅有价值追求并不意味着必然实现价值。人类自古都有美好的理想愿景乃至设计方案，这是学者们也是所有人的天然权利，但问题在于，谁也没有权利让这些美好图景抽离实践的检验而使它们孤立存在。唯有将价值追求安置于最坚固的真理之上，价值才能够真正获得现实的生命力，才能够在不断的实践检验中展现这种生命力。这才有了空想和科学之分、虚妄与现实之别，这一基于规律认知维度上的分野，就成了马克思和过往空想社会主义者们的本质区别。空想社会主义者们的价值逻辑植根于"本能的渴望"，以"应然"的正义替代了"实然"的规律，这必然使得他们在回答社会主义的产生基础、社会主义的实现途径以及社会主义的主体力量等一系列问题时陷入困境并终而无法逃脱"破产"的必然宿命。因为，一切答案的基础并不在于客观的历史进程，而是阐发于先验的价值悬设、超然的思想原则、静止的理论建构。最终，马克思主义哲学以"实践"弥合了"应然"和"实然"的鸿沟，真正实现了二者的统一，从而完成了社会主义从"空想"到"科学"的伟大跨越。

（二）科学社会主义的范式革命与实践品格

马克思、恩格斯始终坚持用实践的观点来看待共产主义和社会主义，这种对社会主义本质实践向度的理解，对于我们今天坚持用马克思主义观点科学对待社会主义，并在此基础上坚持和发展中国特色社会主义，无疑具有十分重大的理论意义和现实意义。

什么是马克思主义、什么是社会主义，这两个问题实际上是一个问题，是一个问题的两个方面。列宁说过，科学社会主义学说，也就是马克思主义。邓小平也多次说过："马克思主义，另一个词叫共产主义。"[①]

让人民大众摆脱自然界、人类社会和思想的奴役和压迫，成为自由全面发展的人，这是马克思主义的基本价值追求。实现这一根本价值追求的现实路径在于革命性的实践。正如马克思在《关于费尔巴哈的提纲》中所指出的："哲学家们只是用不同的方式解释世界，而问题在于改变世界。"因此，实践性是马克思主义实现哲学革命的逻辑起点，也是马克思主义固有的理论品格。正如习近平总书记在纪念马克思诞辰 200 周年大会上的讲话中所指出的："马克思主义是实践的理论，指引着人民改造世界的行动。马克思说，'全部社会生活在本质上是实践的'，'哲学家们只是用不同的方式解释世界，问题在于改变世界'。实践的观点、生活的观点是马克思主义认识论的基本观点，实践性是马克思主义理论区别于其他理论的显著特征。"实践性也是我们理解马克思主义思想的一个重要视角。这一现实的革命性实践就是共产主义运动，也就是社会主义运动。对此，马克思、恩格斯在《德意志意识形态》中指出："实际上，而且对实践的唯物主义者即共产主义者来说，全部问题都在于使现存世界革命化，实际地反对并改变现存的事物。"共产主义除了对理想社会有一种展望和设想之外，更重要的还在于把它当成革命性实践运动来理解，这是基于一定现实解决有限的事实和无限的价值之间矛盾的历史实践。

马克思主义所追求的人类解放实践主要从两个方面展开：第一，通过发展生产力特别是科学技术，实现人对于自然界之间物质交换关系的有效控制，把人从自然界盲目必然性的奴役中解放出来，使人成为自然界的主人。第二，通过革命性实践摆脱社会中阶级的奴役和压迫，使"人终于成

[①] 邓小平：《答美国记者迈克·华莱士问》，《邓小平文选》第 3 卷，人民出版社 1993 年版，第173 页。

为自己的社会结合的主人"，让人民大众共享改革和发展的成果，实现人的全面发展。这两个"解放"是互相贯通、互相交织，最终统一到社会主义运动和共产主义实践中。

对此，马克思在《1844年经济学哲学手稿》中曾指出："这种共产主义，作为完成了的自然主义，等于人道主义，而作为完成了的人道主义，等于自然主义，它是人和自然界之间、人和人之间的矛盾的真正解决，是存在和本质、对象化和自我确证、自由和必然、个体和类之间的斗争的真正解决。"通过发展生产力完成自然主义，使人"成为自然界的主人"；通过制度变革完成人道主义，使"人终于成为自己的社会结合的主人"。在完成自然主义和人道主义的过程中，不断推进人和自然界之间、人和人之间矛盾的真正解决，达到一种"和谐"状态。

显而易见，不论是以革命打破旧的制度枷锁，还是不断地解放和发展生产力，都是以不懈奋斗作为基础的。唯物史观视野中的历史有其发展规律，但这一发展是内嵌着人的主观能动性的。离开奋斗，历史绝不会自然而然地把美好的生活"施舍"给我们。以实践的观点把握社会主义的本质，以不懈的奋斗推进社会主义的实践，无疑是科学社会主义的本质诠释其内在的必然要求。

二、在不懈奋斗中探索社会主义的发展道路

科学社会主义理论的诞生，绝不意味着任何国家获得了如何建设社会主义的教科书。社会主义实践需要在不懈奋斗中推进，社会主义理论也需要在不断实践中发展。人们需要在马克思主义指导下，结合历史客观条件的变化

以及各国的文化语境来探索出一条符合自身发展的社会主义之路。

（一）列宁对社会主义建设的探索

恩格斯晚年立足于国际共产主义运动形势的新变化，研究了无产阶级在斗争中涌现出的新矛盾和新问题，在经济、政治、意识形态等诸多方面提出了许多真知灼见。特别是他关于革命策略以及社会主义基本经济制度的研究，对后来社会主义道路的探索产生了重要影响。

俄国十月革命之后，列宁在马克思、恩格斯社会主义思想的基础上，在俄国这一帝国主义的薄弱环节展开了历史的、具体的社会主义实践。当时，要在落后的俄国开辟一条社会主义建设之路，不论是在实践上还是在理论上都面临着诸多挑战。实践上，俄国是第一个在一个大国把社会主义付之于实践的国家，而且这个大国还是一个落后的大国。俄国一方面需要面对严峻的国际斗争形势，另一方面国内建设社会主义的基础十分薄弱。理论上，考茨基、普列汉诺夫等纷纷指责十月革命违背了马克思主义，认为俄国的发展水平远未达到可以走社会主义之路的阶段，在俄国搞社会主义是一个注定要走向失败的冒险行为。

在困境面前，列宁没有选择教条化地理解马克思主义，而是选择了在实践中检验和发展社会主义。在1918年下半年至1921年春，列宁推行了"战时共产主义"政策：进一步剥夺资产阶级，对小企业普遍实行国有化；实行余粮收集制；禁止日用必需品的私人贸易，实行产品实物供应及主要消费品配给制；取消货币和核算制，实行总管理局制，国家直接给每个企业制订产、供、销计划；实行普遍义务劳动制。"战时共产主义"政策是在帝国主义武装干涉和国内战争爆发时期为适应战争需要而采取的临时措施，对巩固社会主义政权起了重要作用。但由于过于强调计划集中，也引发了严重的经济危机。之后，列宁审时度势地推行了新经济政策，相应的改革包括以征收粮食税代替余粮收集制，恢复商品货币关系进行调节生产，允许中小私营企业经营等。列宁在后来也深刻地总结道，劳动生产率，归根到底是保证新社会制度胜利的最重要最主要的东西。邓小平也曾评价说："可能列宁的思路比较好，搞了个新经济政策，但是后来苏联的模式僵化了。"[1]

列宁逝世后，在斯大林的领导下，新经济政策中许多积极有益的举措都逐步被边缘化和废止了，取而代之的是在政治上经济上高度集中的"苏联模式"，如实行单一所有制、计划经济，片面发展重工业，强调阶级斗争，忽视民主法治，政治权力高度集中乃至党政不分、个人崇拜。脱离社会发展基本规律的制度模式虽然对于夺取反法西斯胜利产生了积极作用，但终究难以经受实践的检验并最终走向破产。

（二）新中国成立后中国对社会主义建设的艰辛探索

新中国成立后，中国面临着由新民主主义革命向社会主义革命过渡的历史任务，需要完成社会主义改造，建立起社会主义经济、政治的基本制度。一开始，中国也向苏联学，可负面效应很快展现出来。1956 年，苏共二十大后，苏联体制弊端已严重暴露，毛泽东果断提出"走自己的路"，强调独立自主地探索建设社会主义的道路。毛泽东基于中国经济文化落后的实际状况，围绕"什么是社会主义""怎样建设中国的社会主义"等问题，对适合中国国情的社会主义建设道路进行了一系列开创性的探索，这些探索的理论成就集中体现在《论十大关系》《关于正确处理人民内部矛盾的问题》等经典论著中，以及党的八大形成的正确的方针政策上。如关于社会发展的基本矛盾和主要矛盾的判断，建设社会主义现代化战略目标的确立，重视多种经营方式和商品经济，关于敌我矛盾和内部矛盾的分析，"百花齐放、百家争鸣"的文

---

[1] 邓小平：《改革是中国发展生产力的必由之路》，《邓小平文选》第 3 卷，人民出版社 1993 年版，第 139 页。

化建设方针，扩大社会主义民主等。这些重要思想和战略论断至今仍然透过历史闪烁着真理和智慧的光芒。《中国共产党第八次全国代表大会关于政治报告的决议》明确指出："我们国内的主要矛盾，已经是人民对于建立先进的工业国的要求同落后的农业国的现实之间的矛盾，已经是人民对于经济文化迅速发展的需要同当前经济文化不能满足人民需要的状况之间的矛盾。这一矛盾的实质，在我国社会主义制度已经建立的情况下，也就是先进的社会主义制度同落后的社会生产力之间的矛盾。党和全国人民的当前的主要任务，就是要集中力量来解决这个矛盾，把我国尽快地从落后的农业国变为先进的工业国。这个任务是很艰巨的，我们必须在经济、政治、文化等方面采取正确的政策，团结国内外一切可能团结的力量，利用一切有利的条件，来完成这个伟大的任务。"这一理论性、战略性、基础性的重要论断无疑为当时中国社会主义建设指明了正确方向。

（三）在奋斗中开辟中国特色社会主义道路

邓小平指出："坦率地说，我们过去照搬苏联搞社会主义的模式，带来很多问题。我们很早就发现了，但没有解决好。"[1]而要真正解决好这个问题，唯有从理论根源上真正回答好"什么是社会主义"的问题，才可能真正走出一条具有中国自己特色的社会主义大道来。

知识链接

邓小平"北方谈话"

邓小平"北方谈话"，指的是 1978 年 9 月 13 日至 20 日，邓小

---

[1] 邓小平：《解放思想，独立思考》，《邓小平文选》第 3 卷，人民出版社 1993 年版，第 261 页。

平在视察本溪、大庆、哈尔滨、长春、沈阳、鞍山、唐山、天津等地所发表的一系列重要谈话。在调研过程中，他多次对身边的人说："我们太穷了，太落后了，老实说对不起人民。我们现在必须发展生产力，改善人民生活条件。""我们是社会主义国家，社会主义制度优越性的根本表现，就是能够允许社会生产力以旧社会所没有的速度迅速发展，使人民不断增长的物质文化生活需要能够逐步得到满足。"正是对"什么是社会主义""怎样建设社会主义"的问题进行了反思、深思，才拉开了改革开放的序幕。

中国特色社会主义道路的开辟来之不易。我国在建设社会主义之初，对于"什么是社会主义"这个根本问题并没有完全搞清楚，由于受"苏联模式"的影响，曾把一些在特定历史时期和范围内实现社会主义价值的方法和手段，甚至把一些主观设想的具体规定作为社会主义的本质来理解，例如计划经济、平均主义、"大锅饭"等，造成了体制机制僵化，发展动力不足，甚至连温饱问题也没有得到根本解决。邓小平说："社会主义究竟是个什么样子，苏联搞了很多年，也并没有完全搞清楚。"[①]

正是基于这样的深刻认识，邓小平指出，在"什么是社会主义"这个根本问题上，必须考虑清楚。1980年4月，邓小平指出："不解放思想不行，甚至于包括什么叫社会主义这个问题也要解放思想。经济长期处于停滞状态总不能叫社会主义。人民生活长期停止在很低的水平总不能叫社会主义。"[②]1987年4月，邓小平强调："最根本的一条经验教训，就是要弄清

---

① 邓小平：《改革是中国发展生产力的必由之路》，《邓小平文选》第3卷，人民出版社1993年版，第39页。
② 邓小平：《社会主义首先要发展生产力》，《邓小平文选》第2卷，人民出版社1994年版，第312页。

什么叫社会主义和共产主义，怎样搞社会主义。"[1]

正是因为在"什么是社会主义"这个根本问题上坚持解放思想，我们党发出了走自己的路、建设中国特色社会主义的伟大号召，逐步探索形成了中国特色社会主义道路。我们党团结带领全国各族人民不懈奋斗，推动我国经济实力、科技实力、国防实力、综合国力进入世界前列，推动我国国际地位实现前所未有的提升，党的面貌、国家的面貌、人民的面貌、军队的面貌、中华民族的面貌发生了前所未有的变化，中华民族正以崭新姿态屹立于世界的东方。

邓小平在南方谈话中所指出的社会主义本质论，即"社会主义的本质，是解放生产力，发展生产力，消灭剥削，消除两极分化，最终达到共同富裕"[2]。所要表明的根本思想是：要从现实的实践向度来理解社会主义的本质。这就要求社会主义实践必须坚持生产力标准和人民利益标准的统一，物的尺度和人的尺度的统一，合规律性和合目的性的统一，即在发展生产力的基础上让广大人民群众共享发展的成果。

思想的迷雾一旦拨开，实践的力量就获得了生长的基点。40 年来，中国面貌翻天覆地的变化始于改革开放，始于党的十一届三中全会重新确立的"解放思想、实事求是"的思想路线。1981 年，党的十一届六中全会通过了《关于建国以来党的若干历史问题的决议》，该决议从十个方面对中国特色社会主义进行了初步概括。1982 年，党的十二大明确指出，"走自己的路，建设有中国特色的社会主义"，同时还明确了社会主义初级阶段的基本路线。1992 年，党的十四大对中国特色社会主义理论进行了九个方面的概况。党的十五大进一步明确了邓小平理论的历史地位和指导意义。

---

① 邓小平：《社会主义必须摆脱贫穷》，《邓小平文选》第 3 卷，人民出版社 1993 年版，第 223 页。
② 邓小平：《在武昌、深圳、珠海、上海等地的谈话要点》，《邓小平文选》第 3 卷，人民出版社 1993 年版，第 373 页。

正是邓小平理论开创性地回答了"什么是社会主义""怎样建设社会主义"的问题，我们党才取得了马克思主义理论中国化的第二次伟大理论飞跃，中国特色社会主义道路才得以开辟，改革开放以来的宏伟篇章和人间奇迹才可能书写。

在开辟了中国特色社会主义道路之后，以江泽民同志、胡锦涛同志为主要代表的中国共产党人砥砺奋进、奋发有为，经受住了时代的考验和历史的检验，带领全国人民在中国特色社会主义道路上不断取得新胜利。

以江泽民同志为主要代表的中国共产党人在国际共产主义事业遭受严重挫折、国内局势十分复杂的情况下捍卫了中国特色社会主义事业。在党的十四大之后，总结中国特色社会主义建设的基本经验，确立了社会主义市场经济体制，拟定了改革的基本目标、基本框架，推进党的建设新的伟大工程，创立了"三个代表"重要思想，开创了全面改革开放的新局面，成功把中国特色社会主义推向21世纪。

以胡锦涛同志为主要代表的中国共产党人站在中国特色社会主义发展的新阶段上，坚持以人为本，坚持抓好发展的第一要义，坚持统筹兼顾，着力促进公平正义，改善民生保障，治理生态环境，力求实现国家事业全面、协调、可持续的发展态势，形成了中国特色社会主义事业"五位一体"的总体布局，创立了科学发展观，在新起点上成功地坚持和发展了中国特色社会主义。

当下，中国特色社会主义进入新时代，我国社会主要矛盾已经转化为人民日益增长的美好生活需要和不平衡不充分的发展之间的矛盾。这是关系全局的历史性变化，对党和国家工作提出了许多新要求。在新的历史起点上，继续推进中国特色社会主义伟大事业，仍然要在"什么是社会主义"这一根本问题上保持政治清醒，并以改革创新的时代精神和不懈奋斗的实干精神使得中国这艘巨轮在正确的航道上乘风破浪，向着民族复兴和建成社会主义现代化强国的宏伟目标上不断前进！

三、在不懈奋斗中坚持和发展中国特色社会主义

党的十八大以来，以习近平同志为主要代表的中国共产党人，顺应时代发展，从理论和实践结合上系统回答了新时代坚持和发展什么样的中国特色社会主义、怎样坚持和发展中国特色社会主义这个重大时代课题，创立了习近平新时代中国特色社会主义思想。正如习近平总书记在庆祝改革开放 40 周年大会上所言："该改的、能改的我们坚决改，不该改的、不能改的坚决不改。"究竟坚持什么？怎么坚持？究竟发展什么？怎么发展？"八个明确"和"十四个坚持"便是应时代之问的创造性、系统性解答和奋斗实践的基本方略，也是全党同志必须牢牢遵循的行动指南。

具体而论，作为马克思主义中国化的最新成果，习近平新时代中国特色社会主义思想以三条深厚的逻辑正谱写着当代共产党人崭新的奋斗篇章。

（一）理论逻辑：体现了马克思主义与时俱进的理论品质

实践的观点是马克思主义哲学首要的、基本的观点，实践基础上的理论创新是马克思主义固有的理论品格。马克思主义不是远离社会生活和脱离社会实践的书斋理论，而是深深地植根于实践、服务于实践又在实践中不断发展的活生生的理论。马克思主义是开放的与时俱进的理论体系，它并没有终结真理，而是开辟了通向真理的道路。实践发展永无止境，认识真理永无止境，理论创新永无止境。党和人民的实践是不断前进的，指导

这种实践的理论也要不断前进。在实践基础上的理论创新，是保持马克思主义与时俱进理论品格的根本途径，是坚持和发展中国特色社会主义的思想引领，是赢得伟大斗争胜利的力量源泉。

习近平新时代中国特色社会主义思想正是在坚守马克思主义与时俱进的理论品格的基础上，从理论和实践相结合上系统回答了新时代坚持和发展什么样的中国特色社会主义、怎样坚持和发展中国特色社会主义这个重大时代课题。围绕这个重大时代课题，我们党坚持以马克思列宁主义、毛泽东思想、邓小平理论，"三个代表"重要思想、科学发展观为指导，坚持解放思想、实事求是、与时俱进、求真务实，坚持辩证唯物主义和历史唯物主义，紧密结合新的时代条件和实践要求，以全新的视野深化对共产党执政规律、社会主义建设规律、人类社会发展规律的认识，进行艰辛理论探索，取得重大理论创新成果，形成了习近平新时代中国特色社会主义思想实现了马克思主义基本原理同中国具体实际相结合的又一次历史性飞跃，开辟了马克思主义新境界。

（二）现实逻辑：基于中国特色社会主义进入了新时代的历史方位

每个时代都有属于自己的时代问题，准确把握并解决时代问题是思想和社会进步的动力。马克思主义基本原理为我们的实践活动提供了总的指导思想、根本原则和根本方法，但是它没有提供解决具体问题的现成答案。实现马克思主义的与时俱进，必须为探索解决这些时代课题做出思想贡献。正如习近平总书记在哲学社会科学工作座谈会上的讲话中所指出的："坚持问题导向是马克思主义的鲜明特点。问题是创新的起点，也是创新的动力源。只有聆听时代的声音，回应时代的呼唤，认真研究解决重大而紧迫的问题，才能真正把握住历史脉络、找到发展规律，推动理论创新。"经过长期努力，中国特色社会主义进入了新时代，这是我国发展新的历史方位。习近平新时代中国特色社会主义思想，是我们党在新时代的历史方位上，深入推进实践基础上的理论创新取得的重大成果，具有深厚的现实逻辑。

进入新时代，要在各种艰难险阻面前坚定不移实现伟大梦想，要在迅速变化的时代中赢得主动，要在新的伟大斗争中赢得胜利，就要在坚持马克思主义基本原理的基础上，以更宽广的视野、更长远的眼光来思考和把握党和国家未来发展面临的一系列重大战略问题，在理论上不断拓展新视野、作出新概括。正如党的十九大报告所指出的："实践没有止境，理论创新也没有止境。世界每时每刻都在发生变化，中国也每时每刻都在发生变化，我们必须在理论上跟上时代，不断认识规律，不断推进理论创新、实践创新、制度创新、文化创新以及其他各方面创新。""时代是思想之母，实践是理论之源。只要我们善于聆听时代声音，勇于坚持真理、修正错误，二十一世纪中国的马克思主义一定能够展现出更强大、更有说服力的真理力量！"

（三）实践逻辑：推动党和国家事业发展的强大思想武器和行动指南

党的十九大把习近平新时代中国特色社会主义思想确立为我们党必须长期坚持的指导思想，深刻阐明了这一指导思想的精神实质和丰富内涵，并在《中国共产党章程》中把习近平新时代中国特色社会主义思想同马克思列宁主义、毛泽东思想、邓小平理论、"三个代表"重要思想、科学发展观一道确立为党的行动指南。这是党的十九大的重要历史贡献，实现了党的指导思想的又一次与时俱进。

中国特色社会主义进入了新时代，我们要清醒认识世情国情党情的变与不变，牢牢把握我国发展的历史性变革，牢牢把握人民对美好生活的向往，发挥历史主动性和创造性，不断推进理论创新、实践创新、制度创新以及其他各方面创新，以新的思路、新的战略、新的举措，决胜全面建成小康社会，夺取中国特色社会主义新的伟大胜利。

我们要牢固树立"四个意识"，紧密团结在以习近平同志为核心的党中央周围，科学把握当今世界和当代中国发展大势，顺应实践要求和人民愿望，以巨大的政治勇气和强烈的责任担当，举旗定向、谋篇布局、迎难而上、开拓进取，统筹推进"五位一体"总体布局、协调推进"四个全面"战略布局，推出一系列重大战略举措，出台一系列重大方针政策，推进一系列重大工作，取得改革开放和社会主义现代化建设新的重大成就。

我们要坚持"四个伟大"的辩证统一，以新的精神状态和奋斗姿态把中国特色社会主义推向前进。实现中华民族伟大复兴，是近代以来中华民族最伟大的梦想。中国共产党人的初心和使命，就是为中国人民谋幸福，为中华民族谋复兴。这个初心和使命是激励中国共产党人不断前进的根本动力。中国特色社会主义进入了新时代，在新的历史条件下继续夺取中国特色社会主义的伟大胜利，我们必须团结带领人民进行伟大斗争、建设伟大工程、推进伟大事业、实现伟大梦想，完成中华民族伟大复兴的历史使命。

伟大斗争，伟大工程，伟大事业，伟大梦想，紧密联系、相互贯通、相互作用，其中起决定性作用的是党的建设新的伟大工程。推进伟大工程，要结合伟大斗争、伟大事业、伟大梦想的实践来进行，确保党在世界形势深刻变化的历史进程中始终走在时代前列，在应对国内外各种风险和考验的历史进程中始终成为全国人民的主心骨，在坚持和发展中国特色社会主义的历史进程中始终成为坚强领导核心。全党同志要紧密团结在以习近平同志为核心的党中央周围，用习近平新时代中国特色社会主义思想武装全党，高举中国特色社会主义伟大旗帜，登高望远、居安思危，勇于变革、勇于创新，永不僵化、永不停滞，永远把人民对美好生活的向往作为奋斗目标，以永不懈怠的精神状态和一往无前的奋斗姿态，继续朝着实现中华民族伟大复兴的宏伟目标奋勇前进！

延伸阅读

1. 习近平：《决胜全面建成小康社会 夺取新时代中国特色社会主义伟大胜利——在中国共产党第十九次全国代表大会上的报告》，人民出版社2017年版。

2. 中共中央宣传部：《习近平新时代中国特色社会主义思想三十讲》，学习出版社2018年版。

3. 董振华等：《治国理政思想方法十讲》，人民出版社2017年版。

深度思考

1. 在新时代坚持和发展中国特色社会主义，哪些坚决不能改，哪些又必须改？

2. 中国特色社会主义的优越性具体体现在哪些方面？

3. 习近平总书记在纪念马克思诞辰200周年大会上的讲话中说："科学社会主义基本原则不能丢，丢了就不是社会主义。同时，科学社会主义也绝不是一成不变的教条。我说过，当代中国的伟大社会变革，不是简单延续我国历史文化的母版，不是简单套用马克思主义经典作家设想的模板，不是其他国家社会主义实践的再版，也不是国外现代化发展的翻版。"请谈一谈对这段话的理解。

第七章

改革开放：
赶上时代的伟大革命

在庆祝改革开放 40 周年大会上，习近平总书记把建立中国共产党、成立中华人民共和国、推进改革开放和中国特色社会主义事业，称为五四运动以来我国发生的三大历史性事件，以及近代以来实现中华民族伟大复兴的三大里程碑。而串联起这三大历史性事件的一条红线，就是不懈的奋斗。

纵观改革开放创业史，40 年光辉历程一路走来，我们始终坚持以经济建设为中心、在不断探索中建立和完善社会主义市场经济体制；我们始终坚持中国特色社会主义政治发展道路、不断深入推进民主法治建设；我们牢固树立社会主义核心价值观、激发全民族文化创新创造活力、不断增强文化自信；我们努力使改革成果惠及全体人民、不断增强人民群众的幸福感和获得感；我们致力于妥善处理发展与保护的关系、建设美丽中国、促进人与自然和谐发展；我们持续推进国防和军队现代化建设、人民军队在新时代展现崭新风貌；我们团结港澳台侨同胞携手改革开放、共圆中华民族伟大复兴的中国梦；我们打开国门搞建设、提出并实施"一带一路"倡议、推动构建人类命运共同体、为世界和平发展贡献中国智慧。我们党始终坚持解放思想、实事求是，与时俱进、求真务实，不断加强和改进党的建设，为党和国家事业发展提供了坚强的政治保证。

这部中华民族实现从站起来、富起来到强起来的飞跃史，是一部冲破桎梏、解放思想的历史，是一部拨乱反正、云程发轫的历史，是一部脚踏实地、不懈奋斗的历史，更是一部在实践中探索真理、检验真理的历史。那些以前想做而没有做到的大事，那些历史性巨变和丰功伟绩，无不缘于不懈奋斗的艰辛历程，无不饱含着不懈奋斗的鲜明特质，无不体现着不懈奋斗的巨大勇气。坚定的理想信念和不懈奋斗的精神，是党领导全国各族人民在改革开放的历史洪流中破浪前进的精神力量之源，是改革开放 40 年来将改革进行到底的过程中最为宝贵的精神财富。中国特色社会主义进入新时代，我们仍将以不懈奋斗的精神，书写时代精神的奋斗之笔！

一、靠不懈奋斗开创伟大变革

伟大历史转折是在理论创新中酝酿的，改革开放宏伟序幕是凭借不懈奋斗开启的。1978 年 5 月，《光明日报》刊发特约评论员文章《实践是检验真理的唯一标准》，提出理论与实践的统一是马克思主义的一个最为基本的原则，任何理论都需要不断接受实践的检验。一石激起千层浪，这一文章引发了全国范围内对于真理标准问题的大讨论，掀起了全国性的思想解放运动，并由此成为党中央冲破"两个凡是"的束缚、重新确立马克思主义的思想路线、开始改革开放的理论先导。

1978 年 12 月 13 日，邓小平在中央工作会议上发表了题为《解放思想，实事求是，团结一致向前看》的重要讲话，该讲话不但肯定了真理标准问题大讨论的正确意义，更进一步将解放思想、实事求是作为党在今后工作中的重要思想路线。在随后召开的党的十一届三中全会上，我们党发出了走自己的路、建设中国特色社会主义的伟大号召。这是一次思想解放的重要会议，我们党以理论创新的巨大勇气，坚决批判了"两个凡是"的错误方针，提出"实践是检验真理的唯一标准"，重新确定了马克思主义的正确路线，完成了从以"阶级斗争为纲"转变到以经济建设为中心、从封闭转变到扩大开放、从固守陈规转变到大胆改革三个具有全局意义的战略转变。党中央在进行了充足的理论创新和思想准备基础上，作出了改革开放这个决定当代中国命运的战略抉择，从此，中国进入了以改革、开放、发展和思想解放为鲜明特色的历史新纪元。"从农村到城市，从试点到推广，从经济体制改革到全面深化改革，40 年众志成城，40 年砥砺奋进，40 年春风化雨，中国人民用双手书写了国家和民族发展的壮丽史诗。"[①]

知识链接

真理标准问题大讨论

"文化大革命"结束后，全面拨乱反正的任务仍然受到"两个凡是"错误方针的严重阻碍，党和国家的工作在前进中出现徘徊局面，一场思想领域的革命正悄然酝酿。1978 年 5 月 11 日，《光明日报》头版刊登了胡福明撰写的题为《实践是检验真理的唯一标准》的特约评论员文章。文章提出："实践不仅是检验真理的标准，而且是唯一的标准"；"坚持实践是检验真理的标准，就是坚持马克思主义，坚持辩证唯物主义"等论断，从理论上根本否定了"两个凡是"的思想路线，由此引发了一场关于真理标准问题的大讨论。很快，中央和地方诸多报刊也发表了许多阐述"实践是检验真理的唯一标准"的文章，推动真理标准问题大讨论在全国轰轰烈烈地深入展开，为即将到来的重大变革奠定了重要理论基础。

---

① 习近平：《开放共创繁荣 创新引领未来——在博鳌亚洲论坛 2018 年年会开幕式上的主旨演讲》，《人民日报》2018 年 4 月 11 日。

作出把全党工作重心转到经济建设上来这一重要决定的同时，党中央也清醒地认识到，为了实现社会主义现代化，必须对经济体制进行改革。然而社会主义公有制是新中国成立后党领导全国人民经过艰苦奋斗确立起来的，计划经济体制的变革绝非一朝一夕之事，必须聚全国上下之力、积不懈奋斗之功。作为一个传统的农业大国，此时中国农业面临着生产效率低下、生产方式落后、粮食产量不能完全满足人民需求等一系列问题。穷则思变，中国农民成为改革意愿最为强烈的群体，计划经济最为薄弱的环节也恰恰成为改革开放最容易突破的环节。安徽凤阳小岗村是当时中国农村的一个缩影，但恰恰是这个因"吃粮靠供应，花钱靠救济，生产靠贷款"而出名的"三靠村"，迈出了改革的第一步。为了吃饱肚子，18 位村民代表在一间茅草屋里立下了分田到户的"生死状"，鲜红指印代表着他们背水一战、放手一搏的誓言。从此上工不用吹哨，村民们迸发出前所未有的劳动热情，连荒地和田角都开垦了出来，第二年的粮食产量就增加了，不但吃饱了肚子，还上交粮食给国家和集体。"大包干"犹如一声春雷，唤醒了沉睡的大地，公社其他生产队竞相效仿，农民们形象地把这种方式称为"保证国家的，留够集体的，剩下都是自己的"。1982 年至 1986 年，中央连续发布 5 个关于农业问题的一号文件，家庭联产承包责任制在全国得到推广，在极大解放农业生产力、促进农业生产发展的同时，也使农民收入实现了前所未有的大幅度增长。正是因为广大农民在党的领导下具有了敢于奋斗的理论指导和政策扶持，有了战天斗地、不懈奋斗的实践勇气，改革才能在广袤的农村土地上最先结出硕果，林业、牧业、副业及其他产业的改革在农业改革的带动下也取得了可喜的成果。

从 1979 年夏天开始，以扩大经营管理权为突破口的国有企业改革也进入了起步探索阶段，首钢等八个企业率先开始了扩大企业自主权试点，随后在全国逐步展开，不到一年，全国试点企业已达 6000 多个；又过了不到一年，中国第一家中外合资企业——北京航空食品有限公司被批准成立，对外开放也在不断尝试中起步。1984年，党的十二届三中全会作出了把改革重点由农村转向城市的重大历史决定。在"摸着石头过河"的过程中，扩权、减税、让利等一系列举措逐渐铺开，企业逐渐获得了更多的自主权利，多种形式的盈亏包干责任制和记分计工资、计件工资、浮动工资等办法开始出现，生产责任制同经济效益结合起来的经济责任制逐渐形成。此后，国有企业改革不断向纵深发展，从税利并存到利改税再到税代利，国家财政收入实现了强势增长。

改革在摸索中前进，开放在试错中取得成就。全体人民在党的领导下，向着社会主义现代化建设的目标奋斗不懈，前行不止。正如邓小平所指出的："把马克思主义的普遍真理同我国的具体实际结合起来，走自己的道路，建设有中国特色的社会主义。"[①]

在改革取得一定成就的基础上，党和国家作出了全面对外开放的重要战略决策，开始将对外开放作为我国的一项基本国策并长期坚持。1980年，在对粤闽两省对外经济活动实施特殊优惠政策的基础上，深圳、珠海、汕头和厦门四个经济特区成立，对外开放向前迈出了一大步。1984年，14个沿海城市获得批准成为全国第一批对外开放城市，新的对外开放窗口向世界张开怀抱，新一轮不懈奋斗的历程随之开始。点连成线，线扩成面，信息、技术、人才、资金不断融通，对外开放的辐射作用从沿海向内陆发挥效果，我国全方位对外开放的格局初具雏形。1985年，中共中央又分别发布了《中共中央关于科技体制改革的决定》《中共中央关于教育体制改革的决定》。在共产党的正确领导下，在全体人民的不懈奋斗下，改革的重点从农村转移到城市，从经济领域扩展到政治领域、科技教育及其他社会生活

[①] 邓小平：《中国共产党第十二次全国代表大会开幕词》，《邓小平文选》第3卷，人民出版社1993年版，第3页。

领域，对内改革和对外开放向着深度和广度两个维度开始拓展，改革开放的初步成效逐步显现。改革的全面推开，极大地促进了中国现代化各项事业的发展。

二、靠不懈奋斗作出关键抉择

与经济体制改革一样，我国的政治体制改革也发端于党的十一届三中全会。虽然同时起步，但政治体制改革却远不及经济体制改革的高歌猛进，而是在审时度势中稳妥推进的。邓小平敏锐地察觉到，当时政治体制中存在的主要弊病有官僚主义、权力过分集中、家长制、领导干部终身制。1980 年 8 月，邓小平在中央政治局扩大会议上发表了《党和国家领导制度的改革》的重要讲话，鞭辟入里地论述了我国政治体制的"总病根"，为作为政治体制改革关键领域的党和国家领导制度的改革指明了原则和方向。而要打破制度的藩篱，同样需要解放思想、放手一搏。

随着经济体制改革的不断深入，它与政治体制之间的矛盾冲突不断暴露出来，各种问题层出不穷。正如邓小平所指出："现在经济体制改革每前进一步，都深深感到政治体制改革的必要性。"[①]政治体制改革势在必行。政治体制改革的成败，直接决定了在市场经济条件下是否能够保有我国的社会主义性质，也决定了经济体制改革是否能够成功。1986 年，中央政治体制改革研讨小组成立，1987 年，提出了《政治体制改革总体设想》，我们党以其特有的政治远见，为政治体制改革指明了奋斗方向、描绘了未来前景，随后召开的党的十三大对我国的政治体制改革进行了全面部署，我国

---

① 邓小平：《关于政治体制改革问题》，《邓小平文选》第 3 卷，人民出版社 1993 年版，第 176 页。

的政治体制改革随即全面启动。伴随着政治体制改革的启动和展开，经济体制改革也取得了可喜成果。

然而，改革的进程并不是一帆风顺的。恰在此时，一场突如其来的风暴席卷了东欧社会主义国家。1989 年前后，东欧社会主义国家相继发生政治经济制度根本性改变，世界上最大的社会主义国家苏联解体，社会主义阵营不复存在，国际共产主义运动进入了凛冽寒冬。而正在致力于对内改革、对外开放的社会主义中国，也在此时此刻站在了生死抉择的十字路口。

社会主义向何处去？中国向何处去？面对国际局势的风云变幻，我们没有先例可供借鉴。当改革陷入徘徊与沉思，当人们在中国"何去何从"、姓"社"还是姓"资"的问题上争论时，1992 年，一声春雷响彻神州大地，邓小平发表了高瞻远瞩的南方谈话。"发展才是硬道理。"① "不坚持社会主义，不改革开放，不发展经济，不改善人民生活，只能是死路一条。基本路线要管一百年，动摇不得。"② "改革开放胆子要大一些，敢于试验……看准了的，就大胆地试，大胆地闯。"③……这些重要论断从理论的高度为改革开放进行了思想上的"松绑"，为改革开放拨正了前进的航向，改变了国家的命运。共产党人再次以其高瞻远瞩的政治勇气和永不言败的奋斗精神，打破了在姓"社"姓"资"问题上的思想束缚，继续把改革开放推向深入，坚持党的基本路线不动摇，坚持社会主义的旗帜屹立不倒，促使经济建设再度高速发展。

---

① 邓小平：《在武昌、深圳、珠海、上海等地的谈话要点》，《邓小平文选》第 3 卷，人民出版社 1993 年版，第 377 页。
② 邓小平：《在武昌、深圳、珠海、上海等地的谈话要点》，《邓小平文选》第 3 卷，人民出版社 1993 年版，第 370—371 页。
③ 邓小平：《在武昌、深圳、珠海、上海等地的谈话要点》，《邓小平文选》第 3 卷，人民出版社 1993 年版，第 372 页。

知识链接

邓小平"南方谈话"

邓小平"南方谈话"实际并非一次谈话，而是邓小平在数次谈话中重要思想的汇总。1989年，党的十三届四中全会召开后，邓小平就已经卸任中央领导职位。1992年1月18日至2月21日，满怀着对党和人民伟大事业的深切期待之情，耄耋之年的邓小平以普通党员的身份，先后赴武昌、深圳、珠海和上海等地视察，沿途发表了重要谈话，统称为"南方谈话"（见《在武昌、深圳、珠海、上海等地的谈话要点》，《邓小平文选》第3卷，人民出版社1993年版）。在深刻总结改革开放十多年经验成就的基础上，"南方谈话"再次重申了继续坚持改革开放的必要性和重要性，同时为当时存在于理论上和实践中的一系列重大问题指明了前进的方向和突破口。邓小平理论是马克思主义与中国实际相结合的第二次伟大历史性飞跃，而"南方谈话"则是其中极其重要的组成部分。自"南方谈话"发表后，中国的改革开放掀起了第二次浪潮。

从此，改革开放和社会主义现代化建设进入一个崭新的发展阶段。1992年10月，党的十四大确立了社会主义市场经济体制的改革目标，中国改革进入新的时期。从价格改革到股份制改革，从现代企业制度建设到政府机构改革、从医疗体制改革到教育体制改革……每一项改革的展开和推进，都在昭示着中国共产党人和全国人民不走封闭僵化的老路，不走改旗易帜的邪路，而是在不懈奋斗中走出了一条中国特色社会主义现代化道路。世纪之交，党的十一届三中全会之后开始的经济发展"三步走"战略前两步基本得到实现，我国经济和社会生活发生了翻天覆地的巨变。

三、靠不懈奋斗创造中国奇迹

迈入新的世纪，踏上新的征程，开始新的奋斗，创造新的奇迹。21世纪是全球化的世纪，多年改革开放的经验让我们深刻地意识到，对外开放不能故步自封、闭门造车，只有快步赶上全球化的步伐，才能分享全球经济一体化带来的发展红利，为中华民族伟大复兴奠定坚实的物质基础。2001年，中国加入世界贸易组织，这是中国对外开放重大转折的历史拐点。随后，作为新世纪以来召开的第一次党的全国代表大会——党的十六大向全国人民提出了又一个宏伟的奋斗目标，即完善社会主义市场经济体制、全面建设小康社会。

党的十六届三中全会从建立现代产权制度、规范市场秩序、改善宏观调控等方面对完善社会主义经济体制作出了具体部署，改革开放的航船继续驶向更广阔的海洋。伴随着中国走向世界的脚步，以开放为驱动力的改革日益加快，现代化的步伐大幅迈进。经济总量快速增长、外贸与资本"双顺差"、城市化进程不断加快……奋进的中国赢得了前所未有的国际声望，开放的中国吸引了全世界热切关注的目光。

十年深化改革，十年扩大开放，十年不懈奋斗，十年砥砺前行。正是靠着不懈的奋斗，党和人民才能同心同德，共同经历和战胜一系列前所未有的严峻考验和挑战，始终坚持我们国家的社会主义本色；正是靠着不懈的奋斗，我们才能沿着新的改革目标不断奋进，现代企业制度初步建立、财税体制和外贸体制综合配套改革得以推进、医疗与住房市场化改革开始实施、外汇管理体制改革取得重大进展，社会主义市场经济体制的基本框架初步建立；正是靠着不懈的奋斗，我们才能从容应对亚洲金融危机和世界经济危机，保持经济稳定高速增长的同时实现"软着陆"；正是靠着不懈的奋斗，我们向着祖国西部进军，实施西部大开发战略，加快中西部地区发展，为面向新世纪实现共同富裕而前进；正是靠着不懈的奋斗，我们向着白山黑水进军，广袤的黑土地在东北老工业基地振兴战略中焕发青春；正是靠着不懈的奋斗，全体人民才能无所畏惧地面对历史罕见的自然灾害和"非典"重大疫情，携手同心不断战胜一个又一个磨难；正是靠着不懈的奋斗，"农田菜地"中的上海浦东从一片滩涂变成"东方明珠"，南海边陲渔村的深圳发展成为全球知名的金融科技创新之城；正是靠着不懈的奋斗，北京奥运会、残奥会取得圆满成功，我们用实力向全世界展示了文明古国开放、包容、负责任的崭新形象；正是靠着不懈的奋斗，凭票供应、物资短缺的时代一去不复返，忍饥挨饿、缺吃少穿等数千年困局成为历史……匆匆数十载年轮，载满了改革开放的丰功伟绩，经济繁荣、社会稳定的中国昂首跨入新时代。

四、靠不懈奋斗将改革进行到底

2012 年，邓小平"南方谈话"发表 20 年后，习近平总书记来到了引领中国改革开放之先风的深圳，向邓小平铜像致敬，向世界发出了中国改革不停顿、开放不止步的时代宣言。

2013 年，党的十八届三中全会召开，全会通过的《中共中央关于全面深化改革若干重大问题的决定》启动了全面深化改革的强大引擎，提出了全面深化改革的总目标是完善和发展中国特色社会主义制度，推进国家治理体系和治理能力现代化，让一切创造社会财富的源泉充分涌流，让发展成果更多更公平惠及全体人民。

知 识 链 接

中国自由贸易区

2013年9月29日，中国（上海）自由贸易试验区正式挂牌成立，这是中国大陆境内的第一个自由贸易试验区。在自由贸易试验区内，政府将进一步放权，改革将进一步深化。创新类金融服务、商务服务、文化娱乐教育和医药医疗护理业等，将因为政府硬性管制减少、企业自主性增强而获得很大的发展机会。上海自贸区的设立迅速引起了世界各国的关注，此后，国家又在天津、广东、福建、辽宁、浙江、河南、湖北、重庆、四川、陕西、海南11个省、直辖市设立了自由贸易区。社会各界普遍认为，这些自由贸易区的设立堪称与20世纪80年代深圳特区设立、90年代开发浦东比肩的重大经济改革举措，它们将为中国经济带来更大的发展机遇。

空谈误国，实干兴邦。几年来，全体中国人民的不懈奋斗凝聚成全面深化改革的磅礴伟力，推进着深层次的、根本性的变革向纵深发展，我国政治经济、文化教育、科技生态、军事外交、社会民生等方方面面都在发生翻天覆地的巨变。习近平总书记曾饱含深情地说："中华民族迎来了从站起来、富起来到强起来的伟大飞跃是中国人民奋斗出来的！"[1]"嫦娥四号"成功实现人类首次月球背面软着陆，神九天宫自动交会对接，我们以不懈奋斗使"中国精度"翱翔天宇；"蛟龙"号深潜7000米海底，"海翼"号首次成功试采海域可燃冰，我们以不懈奋斗一再探求"中国深度"；虹桥飞架连接港珠澳，昌古特高压长江大跨越工程全线贯通，我们以不懈奋斗向世

---

[1] 习近平：《在第十三届全国人民代表大会第一次会议上的讲话》，《人民日报》2018年3月21日。

界展示"中国跨度"；"辽宁"号航母正式服役，运−20 大型军用运输机正式列装，我们以不懈奋斗实力彰显"中国力度"；C919 国产大型客机首次飞上蓝天，我们以不懈奋斗冲向"中国高度"；时速 350 公里的"复兴"号中国标准动车组划出"半小时城际生活圈"，我们用不懈奋斗奔出"中国速度"；感动中国年度人物、中国最美教师、中国最美乡村医生……这些我们身边最可爱的人用默默奋斗传递"中国温度"。中国奇迹令国人自豪、中国智慧令世界瞩目，事实已经证明并一再证明，党带领人民在不懈奋斗中坚持走改革开放的路子是完全正确的。正是靠着全体中国人民脚踏实地的不懈奋斗，实现中华民族伟大复兴的中国梦才真正指日可待。在不懈的奋斗中，马克思主义牢牢占领制高点，社会主义原则扎实稳固，科学社会主义活力毕现，全党全国各族人民站在党和国家事业发展全局，审时度势、总结经验、面向未来，向着全面深化改革的总目标，用不懈奋斗回答重大时代课题。

不懈奋斗是战略谋划的实施起点。在不懈的奋斗中，我们涉急流、渡险滩，重大决策部署密切贴合新时代中国特色社会主义发展要求，"五位一体"总体布局统筹推进，"四个全面"战略布局协调推进，不断创造"中国奇迹"；在不懈的奋斗中，中国特色社会主义制度不断完善和发展，国家治理体系和治理能力现代化不断推进，重大制度创新取得突破；在不懈的奋斗中，贫困人口持续减少，教育红利不断释放，社会保障体系更加健全，广大人民群众获得感、幸福感、安全感前所未有提升。

不懈奋斗是取得经济成就的重要法宝。在不懈的奋斗中，我们始终坚持以经济建设为中心，千方百计解放和发展生产力；在不懈的奋斗中，我们跻身世界第二大经济体的同时保持经济中高速增长，对世界经济增长贡献率超过 30%，成为世界经济稳定复苏的重要引擎；在不懈的奋斗中，供给侧结构性改革由表及里，经济结构不断优化，农业、工业、制造业、外贸、科技捷报频传；在不懈的奋斗中，信息畅通，公路成网，铁路密布，高坝矗立，西气东输，南水北调，高铁飞驰，巨轮远航，飞机翱翔，天堑变通途，基础设施建设取得卓越成就。

不懈奋斗是国家治理结构调整的重要支点。在不懈的奋斗中，我们的国家治理体系和治理能力现代化发生深刻变革，政治体制改革不断深化，社会主义民主政治不断发展，党和国家领导体制日益完善；在不懈的奋斗中，全面依法治国深入推进，中国特色社会主义法律体系日益健全；在不懈的奋斗中，当家作主的中国人民积极性、主动性、创造性空前迸发，在富起来、强起来的征程上迈出了新的步伐。

不懈奋斗是文化建设的有力抓手。在不懈的奋斗中，社会主义核心价值观深入人心，中华优秀传统文化潜移默化，爱国主义、集体主义、社会主义精神广为弘扬，广大人民在时代楷模、英雄模范感召下持续奋进；在不懈的奋斗中，全民族理想信念和文化自信不断增强，中华文化日益唱响世界舞台；在不懈的奋斗中，伟大改革开放精神重塑民族精神内核，激励全体中国人民不懈奋斗；在不懈的奋斗中，民族凝聚力空前强大，亿万中华儿女殷切推动祖国统一大业、勠力同心共筑中国梦。

不懈奋斗是广泛调动各方面积极性、主动性、创造性建设美丽中国的守望坚持。在不懈的奋斗中，我们转变发展思路，保护生态环境，节约自然资源，促进人与自然和谐发展；"节能减排"教育从小抓起，"绿水青山就是金山银山"观念深入人心，生态文明建设向前推进，生态文明制度加快建立，生态治理成效显著；放眼全球，积极参与全球气候变化治理与国际合作，展现负责任大国形象。

不懈奋斗是新时代人民军队建设的强大支撑。在不懈的奋斗中，人民军队紧跟党和国家步伐攻坚克难、发展壮大，维护国家主权、安全、发展利益的能力显著增强；在不懈的奋斗中，军事科研创新的引擎全速发动，隐形战机翱翔天宇，联合军演展现大国实力；在不懈的奋斗中，"召之即来、来之能战、战之必胜"的精兵劲旅在奋斗中锻造，人民军队革命化现代化正规化水平在血汗中显著提高，成为保卫人民、保卫祖国、保卫和平的坚强后盾。

不懈奋斗是扩大开放的闪亮之窗。在不懈的奋斗中，开放的中国以开放的姿态走向世界，积极参与全球治理，贡献中国智慧、中国方案、中国力量，日益成为世界和平的建设者、全球发展的贡献者、国际秩序的维护者；在不懈的奋斗中，随着开放的大门不断打开，"引进来"的同时坚持"走出去"，"一带一路"倡议的共商共建共享原则获得广泛赞同，越来越多沿线国家共享中国发展红利；在不懈的奋斗中，和平发展道路赢得更多同行者、携手共建"人类命运共同体"和开放型世界经济、促进全人类共同发展。"改革开放这场中国的第二次革命，不仅深刻改变了中国，也深刻影响了世界！"[1]

不懈奋斗是党提高执政能力和领导水平的要求。在不懈的奋斗中，我们党始终保持先进性和纯洁性，始终保持同人民群众的血肉联系，无惧风险考验，持续推进党的建设新的伟大工程；在不懈的奋斗中，共产党执政规律、社会主义建设规律、人类社会发展规律这三大规律在探索中不断得到总结和升华，马克思主义中国化新境界不断提高；在不懈的奋斗中，我们党坚持营造风清气正的党内环境、以零容忍态度严厉惩治腐败、净化党内政治生态、下大力气正风肃纪，反腐败斗争取得压倒性胜利。

"时代是思想之母"，新思想在时代母体中孕育成熟；实践是理论之源，不懈奋斗不断为新思想增添新的时代内涵。党的十九大提出了"中国特色社会主义进入了新时代""我国社会主要矛盾已经转化"等新理念、新观点、新

---

① 习近平：《开放共创繁荣 创新引领未来——在博鳌亚洲论坛 2018 年年会开幕式上的主旨演讲》，《人民日报》2018 年 4 月 11 日。

论断，实现了思想解放和理论创新再一次历史性跃进。

40年，从新中国到新时代，蓝图已经绘就，在前进道路上仍需不懈奋斗。当今中国，进入深水区的改革如同逆水行舟，不进则退。面对经济全球化快速发展和激烈的国际竞争，面对新时代我国社会主要矛盾，我们必须以"明知山有虎，偏向虎山行"的勇气，逢山开路、遇水架桥，锐意进取、开拓创新，在不懈奋斗中把改革推向前进。正如习近平总书记向全体中国人民发出的伟大号召："全党全国各族人民要更加紧密地团结在党中央周围，高举中国特色社会主义伟大旗帜，不忘初心，牢记使命，将改革开放进行到底，不断实现人民对美好生活的向往，在新时代创造中华民族新的更大奇迹！创造让世界刮目相看的新的更大奇迹！"①回望改革开放40年的光辉历程，彰显出我们不变的初心，也昭示了我们将改革开放进行到底的坚定决心。

抚今追昔，牢记初心，改革开放40年的光辉历程值得时刻铭记，从"赶上时代"到"引领时代"的伟大跨越的宝贵经验更需深刻总结。鉴往知来，砥砺前行，创新是对历史的最好纪念，全国各族人民正在党的领导下，在新时代继续把改革开放推向前进，在不懈奋斗中实现"两个一百年"奋斗目标、实现中华民族伟大复兴的中国梦。

延 伸 阅 读

1. 邓小平：《解放思想，实事求是，团结一致向前看》，《邓小平文选》第2卷，人民出版社1994年版。

2. 邓小平：《在武昌、深圳、珠海、上海等地的谈话要点》，《邓小平文选》第3卷，人民出版社1993年版。

---

① 习近平：《在庆祝改革开放40周年大会上的讲话》，《人民日报》2018年12月19日。

3．习近平：《在庆祝改革开放 40 周年大会上的讲话》,《人民日报》2018 年 12 月 19 日。

深度思考

1. 在新的历史方位上，奋斗精神根植于何处？

2. 奋斗精神有哪些新的时代价值？

3. 习近平总书记在庆祝改革开放 40 周年大会上的讲话中说:"改革开放 40 年来，从开启新时期到跨入新世纪，从站上新起点到进入新时代，40 年风雨同舟，40 年披荆斩棘，40 年砥砺奋进，我们党引领人民绘就了一幅波澜壮阔、气势恢宏的历史画卷，谱写了一曲感天动地、气壮山河的奋斗赞歌。"请谈一谈对这段话的理解。

第八章

伟大梦想：
奋斗担负的历史使命

2012 年 11 月，习近平总书记在参观《复兴之路》展览时提出："现在，大家都在讨论中国梦，我以为，实现中华民族伟大复兴，就是中华民族近代以来最伟大的梦想。这个梦想，凝聚了几代中国人的夙愿，体现了中华民族和中国人民的整体利益，是每一个中华儿女的共同期盼。"近代以来，古老的中华民族饱受列强的欺凌，直到在中国共产党的领导下，中华民族靠着不懈的奋斗，走过了艰辛的"昨天"，创造了美好的"今天"。而中华民族光辉的"明天"，也需要我们靠不懈的奋斗才能实现。当前，我们比历史上任何时期都更接近、更有信心和能力实现中华民族伟大复兴的中国梦。我们必须不懈奋斗，靠不懈奋斗实现伟大梦想，靠不懈奋斗铸就人间辉煌，靠不懈奋斗创造中国奇迹！

一、实现伟大梦想是一个奋斗过程

梦想是我们的"彼岸"，现实是我们的"此岸"；"彼岸"实现的可能性蕴含在"此岸"的现实活动之中；"此岸"和"彼岸"之间没有不可逾越的鸿沟，而通达"此岸"和"彼岸"的桥梁，恰恰就是不懈的奋斗。没有不懈的奋斗，"彼岸"将永远是"彼岸"而不会成为现实。习近平总书记在党的十九大报告中强调："中华民族伟大复兴，绝不是轻轻松松、敲锣打鼓就能实现的。全党必须准备付出更为艰巨、更为艰苦的努力。"中华民族伟大复兴，不是从天而降的，不会随着时间的流逝而自动实现，任何贪图安逸、不思进取的想法和行为都无益于我们伟大梦想的实现。伟大梦想的实现途径只有一种，就是靠全体中国人民的不懈奋斗，在不懈奋斗的过程中生成和建构中国梦。任何伟大的梦想都不是一蹴而就的，也不可能轻易实现，而是需要按步骤、分阶段逐步实现。当前，我们正处于全面建成小康社会的决胜期，我们要在总体小康的基础上建成更有质量、更高水平的小康社会，并在此基础之上，开启全面建设社会主义现代化国家新征程。

（一）坚持不懈奋斗，决胜全面建成小康社会

党的十八大以来，以习近平同志为核心的党中央明确提出了"两个一百年"奋斗目标，其中之一就是到中国共产党成立100年时全面建成小康社会。对于现在的我们来说，全面建成小康社会是实现中华民族伟大复兴的中国梦迈出的第一步。我们要统筹推进"五位一体"总体布局和协调推进"四个全面"战略布局，为实现全面建成小康社会不懈奋斗。

改革开放以来，中国共产党人接续奋斗，砥砺前行，一张蓝图绘到底，一任接着一任干，已经在21世纪初总体上达到了小康水平。如今我们正朝着建成覆盖领域更全面、覆盖人口更全面、覆盖区域更全面的更高水平的小康社会目标而努力奋斗。过去的成绩不能掩盖将来的挑战，我们要充分意识到，行百里者半九十，越是到了向实现目标冲刺的历史时刻，越不能放松懈怠，越要坚持奋斗。习近平总书记指出："我们必须清醒看到，如期全面建成小康社会，既具有充分条件，也面临艰巨任务，前进道路并不平坦，诸多矛盾叠加、风险隐患增多的挑战依然严峻复杂。如果应对不好，或者发生系统性风险、犯颠覆性错误，就会延误甚至中断全面建成小康社会进程。对此，全党同志必须做好充分的思想准备和工作准备，认清形势，

坚定信心，继续顽强奋斗。"[1] 为此要下大力气解决全面建成小康社会的重点难点问题，突出抓重点、补短板、强弱项，其中关键就是要打好防范化解重大风险、精准脱贫、污染防治这三大攻坚战。而打好这三大攻坚战，必须坚持不懈奋斗。

风险与机遇往往并存于一个事物之中，是一个事物不同的两个方面。如果在全面建成小康社会这一过程中由于工作不力导致风险远大于机遇，那么这无论是对于我们生产力的发展、综合国力的提升，还是对于人民生活水平的提高都是极大的破坏。习近平总书记指出："如果发生重大风险又扛不住，国家安全就可能面临重大威胁，全面建成小康社会进程就可能被迫中断。"[2] 因此，我们必须着力增强风险防控意识和能力，靠不懈的奋斗坚决防范和化解风险。

坚决消除贫困，让贫困人口和贫困地区同全国一道进入全面小康社会是我们党的庄严承诺。要知道幸福生活不会从天而降，好日子都是干出来的，坚决打赢脱贫攻坚战，靠的就是不懈的奋斗。要立下愚公移山志，咬定目标、苦干实干，万众一心攻坚克难，彻底消灭贫困，小康路上不让一个人掉队。

随着我国经济社会的发展，环境问题越来越突出，严重的污染问题已经影响到了发展的可持续性和人民生活的幸福感。污染问题反映的是经济发展与环境保护之间的深层次矛盾，打好污染防治攻坚战，需要触动深层次利益，会面临严峻挑战和重重阻力。要解决这一尖锐的矛盾，需要我们不懈奋斗，积极探索发展新思路，积极转方式、调结构、促改革，打破旧的发展模式，坚持科学发展，提高发展的质量和效益。加大环境治理力度，

① 习近平：《深刻认识全面建成小康社会决胜阶段的形势》，《习近平谈治国理政》第 2 卷，外文出版社 2017 年版，第 72 页。
② 习近平：《下大气力破解制约如期全面建成小康社会的重点难点问题》，《习近平谈治国理政》第 2 卷，外文出版社 2017 年版，第 81 页。

践行"绿水青山就是金山银山"的理念，坚定走生产发展、生活富裕、生态良好的文明发展道路，建设美丽中国。

（二）坚持不懈奋斗，全面建成社会主义现代化强国

"两个一百年"奋斗目标的第二个百年目标就是在新中国成立 100 年时建成富强民主文明和谐美丽的社会主义现代化强国。党的十九大擘画了开启社会主义现代化强国建设新征程的战略蓝图，提出分两步走实现这一奋斗目标。第一步就是到 2035 年，在全面建成小康社会的基础上，基本实现社会主义现代化。第二步是到 21 世纪中叶，在基本实现现代化的基础上，把我国建成富强民主文明和谐美丽的社会主义现代化强国。

建设社会主义现代化强国的目标是我们党在历史上就形成和明确的，正所谓"九层之台，起于垒土"。早在延安时期，毛泽东就明确提出："中国工人阶级的任务，不但是为着建立新民主主义的国家而斗争，而且是为着中国的工业化和农业近代化而斗争。"[1]新中国成立后，周恩来在 1954 年召开的第一届全国人民代表大会上首次提出包括现代化的工业、农业、交通运输业和国防在内的四个现代化目标；在 1964 年第三届全国人民代表大会上提出把我国建设成为具有现代农业、现代工业、现代国防和现代科学技术的社会主义强国。改革开放后，邓小平指出："我们从八十年代的第一年开始，就必须一天也不耽误，专心致志地、聚精会神地搞四个现代化建设。"[2]从党的十二大到十九大，历次党的全国代表大会都关注和重申社会主义现代化建设。特别是党的十九大，描绘了社会主义现代化强国的新蓝图。党的十九大报告提出："到那时，我国物质文明、政治文明、精神文明、社会文明、生态文明将全面提升，实现国家治理体系和治理能力现代化，成

---

[1] 毛泽东：《论联合政府》，《毛泽东选集》第 3 卷，人民出版社 1991 年版，第 1081 页。
[2] 邓小平：《目前的形势和任务》，《邓小平文选》第 2 卷，人民出版社 1994 年版，第 241 页。

为综合国力和国际影响力领先的国家，全体人民共同富裕基本实现，我国人民将享有更加幸福安康的生活，中华民族将以更加昂扬的姿态屹立于世界民族之林。"

知识链接

社会主义现代化建设

1949年3月，在党的七届二中全会上，毛泽东提出"迅速地恢复和发展生产，使中国稳步地从农业国转变为工业国"的现代化任务。1949年10月1日，新中国宣告成立，中国共产党领导全国人民开始了建设中国工业化、现代化的历史进程。1964年，在第三届全国人民代表大会上，周恩来在《政府工作报告》中进一步提出了"分两步走、实现四个现代化"的目标。1997年9月，党的十五大确定了发展社会主义市场经济，把建设有中国特色社会主义事业全面推向21世纪的重要战略部署。2017年10月，党的十九大提出了把我国建成富强民主文明和谐美丽的社会主义现代化强国，并作出两步走的战略安排。

随着我国社会历史进程的不断发展，将会有新的问题和挑战出现。发展是解决问题的关键，但问题也不会因为发展而一劳永逸地消失，而是会在不同的发展阶段出现新的问题。发展过程中有发展的问题，发展起来后有发展后的问题，而且往往在发展的更高阶段出现的问题会更加棘手、更加难以解决。正如习近平总书记所强调的："现在看来，不发展有不发展的问题，发展起来有发展起来的问题，而发展起来后出现的问题并不比发展起来前少，甚至更多更复杂了。"①我们可以想象到的是，在我们建设社会主义现代化强国的进程中，遇到的问题和挑战绝不会比现在少，而且随着不确定性因素的增加，新的问题可能会和旧有的矛盾叠加，导致更加复杂、更具威胁的问题出现。这就要求我们不论在发展的任何时期，都不能掉以轻心，必须时刻保持不懈奋斗，靠奋斗迎接前进道路上的风险挑战，靠奋斗走向胜利的彼岸。

按照历史发展的逻辑，前人发展的结果，是后人发展的前提。也就是说，全面建成小康社会是我们不懈奋斗的结果，同时也是我们为实现全面建成社会主义现代化强国不懈奋斗的基础。空谈误国，实干兴邦。实现中华民族伟大复兴的中国梦这一宏伟目标，使这一目标变为现实，没有任何捷径可走，只能把目标转化为具体的任务，分阶段、有步骤地逐渐完成，在过程中不断超越现实，不断达成新的成就。因此，实现中华民族伟大复兴的中国梦的过程，需要一代又一代中华儿女接续奋斗、不懈奋斗、永远奋斗！

二、实现科学发展是一个奋斗过程

党的十八大以来，以习近平同志为核心的党中央把实现中华民族伟大复兴作为我们的奋斗目标，从理论与实践相结合的角度指明了在新时代坚持和发展中国特色社会主义的目标和方向。实现伟大梦想的过程，是生产力水平不断解放和发展的过程，是人民生活水平不断提高的过程，是我国

---

① 习近平：《下大气力破解制约如期全面建成小康社会的重点难点问题》，《习近平谈治国理政》第2卷，外文出版社2017年版，第82页。

国际地位和国际形象不断提升的过程，是经济社会不断进步、个人全面发展的过程。一言以蔽之，实现伟大梦想的过程，就是发展的过程。习近平总书记在党的十九大报告中指出："实现'两个一百年'奋斗目标、实现中华民族伟大复兴的中国梦，不断提高人民生活水平，必须坚定不移把发展作为党执政兴国的第一要务。"发展的目的，就在于不断弥补现实的不足，不断超越现存，实现其从不完满状态向完满状态的飞跃。在这一过程中，要不断破除各种不合时宜的体制机制弊端，打破利益固化的藩篱，这往往会面临旧势力的抵触和反抗，会遇到巨大的阻力，而且这些阻力还特别容易反弹，不会一蹴而就、一劳永逸地被解决。如果我们一遇到阻力就畏缩不前，那么发展就只能迟滞。因此，要发展就不能害怕风险挑战，要发展就要坚持不懈奋斗，要有壮士断腕的勇气和滚石上山、爬坡过坎的决心，靠奋斗实现发展的目标。

（一）从发展的辩证法维度看，发展必须坚持不懈奋斗

马克思认为："辩证法，在其合理形态上，引起资产阶级及其空论主义的代言人的恼怒和恐怖，因为辩证法在对现存事物的肯定的理解的同时包含对现存事物的否定的理解，即对现存事物的必然灭亡的理解；辩证法对每一种既成的形式都是从不断的运动中，因而也是从它的暂时性方面去理解；辩证法不崇拜任何东西，按其本质来说，它是批判的和革命的。"[①] 马克思在这里已经说明，没有什么是永恒的和一成不变的，任何现存的事物都有其灭亡的一刻，我们应该在不断的运动中即在过程中考察和认识事物。

发展也是如此，任何发展方式和发展阶段都是暂时的，只在特定的时期适用和存在，这就是发展的阶段性特征。例如，资源型城市的早期发展

[①] 马克思：《〈资本论〉第一卷（节选）》，《马克思恩格斯选集》第 2 卷，人民出版社 2012 年版，第 94 页。

方式大多是粗放的资源开采和利用，这在一定时期会极大地提高当地经济发展水平和人民生活水平。但时间久了，往往会造成"路径依赖"，导致产业结构单一、资源枯竭和环境破坏等问题。如果不能及时转变发展方式，就会陷入发展的停滞和倒退，发展形势就会由原来的"趋之若鹜"变为"避之不及"。如果我们将视野放宽，就会发现大的发展目标往往是由一个个连续的发展阶段构成的，这就是发展的永续性特征。发展是永不止步的，我们在达成一个发展目标时，往往会出现新的发展目标，而新的发展目标的实现又需要立足于原有发展目标基础之上，这就使得发展过程内部成了一个有机联系的统一整体。要发展就需要奋斗，发展的阶段性和永续性两大特征也决定了要实现发展就必须坚持不懈的奋斗。

毛泽东把矛盾法则视为唯物辩证法的实质和核心，并把矛盾视为事物发展的源泉和动力。他认为"事物的矛盾法则，即对立统一的法则，是唯物辩证法的最根本的法则"[①]，并进而认为"在复杂的事物的发展过程中，有许多的矛盾存在，其中必有一种是主要的矛盾，由于它的存在和发展规定或影响着其他矛盾的存在和发展"[②]。抓住主要矛盾，才能带动全局的工作。我们在努力实现中华民族伟大复兴的中国梦的过程中，必须深刻认识和把握社会主要矛盾。党的十九大报告指出："中国特色社会主义进入新时代，我国社会主要矛盾已经转化为人民日益增长的美好生活需要和不平衡不充分的发展之间的矛盾。""必须认识到，我国社会主要矛盾的变化是关系全局的历史性变化，对党和国家工作提出了许多新要求。"

主要矛盾决定主要任务，我国社会主要矛盾发生的深刻变化，对我们的发展提出了新的要求。不论是从满足"物质文化需要"到满足"美好生活需要"，还是从解决"落后的社会生产"到解决"不平衡不充分的发

---

① 毛泽东：《矛盾论》，《毛泽东选集》第1卷，人民出版社1991年版，第299页。
② 毛泽东：《矛盾论》，《毛泽东选集》第1卷，人民出版社1991年版，第320页。

展"，我们现在面临的问题和挑战都比过去难度要大、压力要大。这就要求我们靠不懈的奋斗，在继续推动发展的基础之上，着力解决好发展不平衡不充分问题，大力提升发展质量和效益，更好满足人民日益增长的美好生活需要。

（二）从发展的历史观维度看，发展也必须坚持不懈奋斗

在马克思和恩格斯合作的著作《德意志意识形态》中有这样一句话："对实践的唯物主义者即共产主义者来说，全部问题都在于使现存世界革命化，实际地反对并改变现存的事物。"这实际上是说，历史的进步就在于不断地超越现存，通过反对并改变现存的事物，达到发展的目标。而超越现存的过程是一个永无止境的过程，因此这一过程需要不懈的奋斗。

实现历史的发展，首先要明确我们所处的历史方位。党的十九大报告强调："经过长期努力，中国特色社会主义进入了新时代，这是我国发展新的历史方位。"而这个新时代，正是全体中华儿女勠力同心、奋力实现中华民族伟大复兴的中国梦的时代，实现伟大梦想正是我们这个时代的主题。

党的十八大以来，以习近平同志为核心的党中央带领全国各族人民砥砺奋进、团结奋斗，解决了许多长期想解决而没有解决的难题，办成了许多过去想办而没有办成的大事，推动党和国家事业发生历史性变革，由此才使中国特色社会主义的发展进入了新时代。但在新时代我们还要清醒意识到，我们仍然面临不少困难和挑战：经济下行压力大，发展不平衡不充分问题突出；国家治理体系和治理能力不够完善，法治建设任务繁重；意识形态领域斗争复杂；民生领域存在不少短板，脱贫攻坚任务艰巨，城乡之间、区域之间发展差距大；生态环境保护任重道远；外部环境和国际局势发生深刻变化；党建领域还存在薄弱环节，反腐败斗争形势严峻；等等。

在新时代解决新问题必须有新思路、新战略和新举措，为此，习近平总

书记在党的十九大报告中指出："发展是解决我国一切问题的基础和关键，发展必须是科学发展，必须坚定不移贯彻创新、协调、绿色、开放、共享的发展理念。"

新发展理念正是在新的历史条件下以习近平同志为核心的党中央坚持实事求是、求真务实，深入研判当前形势，研究最新状况，在不懈奋斗中形成的治国理政的重要举措。"这五大发展理念不是凭空得来的，是我们在深刻总结国内外发展经验教训的基础上形成的，也是在深刻分析国内外发展大势的基础上形成的，集中反映了我们党对经济社会发展规律认识的深化，也是针对我国发展中的突出矛盾和问题提出来的。"[1] 新发展理念坚持问题导向，具有很强的现实针对性。针对我国创新能力不足的问题，提出创新发展；针对发展不平衡问题，提出协调发展；针对资源环境问题，提出绿色发展；针对发展内外联动问题，提出开放发展；针对社会公平正义问题，提出共享发展。

新发展理念是实现更高质量、更有效率、更加公平、更可持续发展的必由之路。新发展理念是针对我们经济发展进入新常态，针对发展面临的突出问题和挑战而提出的战略举措。相比于以往的发展理念，新发展理念不论是在内容丰富性、实践操作性还是在时代特征性等方面都有更大的进步。新发展理念的目标是实现我国经济的高质量发展，破解发展过程中出现的难题挑战。在新时代坚持新发展理念，就是为实现伟大梦想不懈奋斗的体现。

---

① 习近平：《以新的发展理论引领发展》，《习近平谈治国理政》第 2 卷，外文出版社 2017 年版，第 197 页。

三、在依靠人民的奋斗中实现梦想

伟大梦想的实现需要有主体和推动力量，这个主体和推动力量就是人民，中华民族伟大复兴的中国梦能够而且只能在亿万中国人民的共同奋斗中建构出来。习近平总书记指出："人民创造历史，劳动开创未来。劳动是推动人类社会进步的根本力量。幸福不会从天而降，梦想不会自动成真。实现我们的奋斗目标，开创我们的美好未来，必须紧紧依靠人民、始终为了人民，必须依靠辛勤劳动、诚实劳动、创造性劳动。"① 在这一过程中，必须充分发挥好党的领导核心作用，充分发挥先锋模范作用，加强党的建设，保证党的先进性和纯洁性，保证党始终成为走在时代前列、自身能力过硬、与人民群众保持血肉联系的马克思主义执政党。这样才能为我们靠不懈奋斗实现中华民族伟大复兴的中国梦提供根本保障。

（一）人民是社会历史的创造者，实现伟大梦想需要人民的不懈奋斗

习近平总书记在纪念马克思诞辰 200 周年大会上讲话时指出："马克思主义之所以具有跨越国度、跨越时代的影响力，就是因为它植根人民之中，指明了依靠人民推动历史前进的人间正道。"马克思说："历史活动是群众的活动，随着历史活动的深入，必将是群众队伍的扩大。"② 毛泽东说："人民，只有人民，才是创造世界历史的动力。"③ 邓小平说："党只有紧紧地依靠群众，密切地联系群众，随时听取群众的呼声，了解群众的情绪，代表

---

① 习近平：《实干才能梦想成真》，《习近平谈治国理政》第 1 卷，外文出版社 2018 年版，第 44 页。
② 马克思、恩格斯：《神圣家族，或对批判的批判所做的批判》，《马克思恩格斯文集》第 1 卷，人民出版社 2009 年版，第 287 页。
③ 毛泽东：《论联合政府》，《毛泽东选集》第 3 卷，人民出版社 1991 年版，第 1031 页。

群众的利益，才能形成强大的力量，顺利地完成自己的各项任务。"①习近平总书记说："人民是历史的创造者，人民是真正的英雄。波澜壮阔的中华民族发展史是中国人民书写的！博大精深的中华文明是中国人民创造的！历久弥新的中华民族精神是中国人民培育的！中华民族迎来了从站起来、富起来到强起来的伟大飞跃是中国人民奋斗出来的！"②

人民的幸福从来都是靠自己奋斗出来的。革命时期，正是依靠人民群众的支持和拥护，我们浴血奋战赶走了帝国主义侵略者，又经过艰苦的人民战争打败了国内的反动势力，建立了新中国。建设时期，正是在人民当家作主的热情和昂扬的建设斗志鼓舞之下，我们建立起了先进社会制度，为今后的发展奠定了前提。改革开放时期，人民为了过上富裕的生活，充分发挥自己的智慧、挥洒自己的汗水，走出了一条中国特色社会主义发展道路，小岗村的经验就是最好的例证。在新时代，人民追求美好生活的步伐不会止步，实现中华民族复兴伟大梦想的不懈奋斗也不会止步。

知识链接

"小岗精神"

"穷则变，变则通，通则久。"1978 年，小岗村 18 户村民立下生死状，按下红手印，签订"大包干"契约。自此，中国农村改革正式拉开大幕，农村发展进入快车道。敢闯、敢试、敢为天下先，小岗村闯出了一片新天地。作为我国农村改革的主要发源地，小岗村 40 年来发生的巨大变化，是我国改革开放的一个缩影。2016 年，习近平

---

① 邓小平：《党和国家领导制度的改革》，《邓小平文选》第 2 卷，人民出版社 1994 年版，第 342 页。
② 习近平：《在第十三届全国人民代表大会第一次会议上的讲话》，《人民日报》2018 年 3 月 21 日。

总书记来到安徽省凤阳县小岗村考察，重温"小岗精神"，再忆改革历程，再释改革决心。站在"中国农村改革第一村"的土地上，习近平总书记强调："雄关漫道真如铁，而今迈步从头越。今天在这里重温改革，就是要坚持党的基本路线一百年不动摇，改革开放不停步，续写新的篇章。"

习近平总书记指出："中国人民是具有伟大奋斗精神的人民。在几千年历史长河中，中国人民始终革故鼎新、自强不息，开发和建设了祖国辽阔秀丽的大好河山，开拓了波涛万顷的辽阔海疆，开垦了物产丰富的广袤粮田，治理了桀骜不驯的千百条大江大河，战胜了数不清的自然灾害，建设了星罗棋布的城镇乡村，发展了门类齐全的产业，形成了多姿多彩的生活。中国人民自古就明白，世界上没有坐享其成的好事，要幸福就要奋斗。今天，中国人民拥有的一切，凝聚着中国人的聪明才智，浸透着中国人的辛勤汗水，蕴涵着中国人的巨大牺牲。我相信，只要 13 亿多中国人民始终发扬这种伟大奋斗精神，我们就一定能够达到创造人民更加美好生活的宏伟目标！"[①]

（二）党的领导是实现伟大梦想的根本保障，党自身也需要不懈奋斗

中国共产党的领导是中国特色社会主义的最本质特征，没有中国共产党的领导，伟大梦想就失去了组织保障和政治保障，就失去了根本遵循；没有中国共产党的领导，民族复兴就会沦为空想。党的十九大报告强调："伟大斗争，伟大工程，伟大事业，伟大梦想，紧密联系、相互贯通、相互

---

① 习近平：《在第十三届全国人民代表大会第一次会议上的讲话》，《人民日报》2018 年 3 月 21 日。

作用，其中起决定性作用的是党的建设新的伟大工程。"打铁必须自身硬，实现中华民族伟大复兴的中国梦，也需要党自身的不懈奋斗。

加强党的自身建设，必须坚持全面从严治党。全面从严治党是党的一场深刻自我革命，是刀刃向内的"刮骨疗毒"。进行伟大的自我革命，必然会触及党内存在的顽固势力，揭开深层次矛盾。纵观古今中外的一切政治集团，由于对自身长期积累的问题顽疾不敢改、改不彻底而导致"政息人亡"的例子比比皆是。可以想见，自身革命比外部革命所遇到的难度要多得多、阻力要大得多，非有不懈奋斗的韧劲和毅力不能成功。党的十八大以来，习近平总书记以极大的政治勇气和不懈的奋斗精神推动了这场自我革命，直面问题不回避，坚决消除一切损害党的先进性和纯洁性的因素，坚决消除一切侵蚀党的健康肌体的病毒，确保我们党永葆旺盛的生命力和强大的战斗力。

人民群众最痛恨腐败现象，腐败也是我们党面临的最大威胁。全面从严治党，必须有反腐败永远在路上的坚韧和执着，持之以恒正风肃纪，而这些都需要我们党不懈奋斗。当前，反腐败斗争压倒性态势已经形成，但是这场斗争远没有结束。腐败问题很难得到彻底根除，而且非常容易问题回弹，经常是紧一阵好一阵、松一阵坏一阵，不抓就很容易泛滥。要强化不敢腐的震慑，扎牢不能腐的笼子，增强不想腐的自觉，只能靠长期不断的努力，时刻不能掉以轻心。

加强党的自身建设，需要增强党的执政本领。我们党作为执政党，只有自身本领过硬，才能带领中华民族这艘巨大航船始终高扬梦想的风帆，到达成功的彼岸。如今，我们党面临的执政环境是复杂的，我们党面临的执政考验、改革开放考验、市场经济考验、外部环境考验是长期的和复杂的，面临的精神懈怠危险、能力不足危险、脱离群众危险、消极腐败危险是尖锐的和严峻的。能否经受住这些考验，消除这些危险，都需要我们党进行不懈的奋斗。

艰难困苦，玉汝于成。新时代是奋斗者的时代，一切伟大成就都是不懈奋斗的结果。习近平总书记深刻地指出："伟大梦想不是等得来、喊得来的，而是拼出来、干出来的。我们现在所处的，是一个船到中流浪更急、人到半山路更陡的时候，是一个愈进愈难、愈进愈险而又不进则退、非进不可的时候。改革开放已走过千山万水，但仍需跋山涉水，摆在全党全国各族人民面前的使命更光荣、任务更艰巨、挑战更严峻、工作更伟大。在这个千帆竞发、百舸争流的时代，我们绝不能有半点骄傲自满、固步自封，也绝不能有丝毫犹豫不决、徘徊彷徨，必须统揽伟大斗争、伟大工程、伟大事业、伟大梦想，勇立潮头、奋勇搏击。"[①]苦难已成过往，辉煌就在前方。经历了五千年风风雨雨的中华民族，正沐浴在明媚的阳光中阔步前行。今日的中华已不是往日的中华，我们有愿望、有能力、有决心去实现任何的宏伟目标。蓝图已经绘就，梦想已经起航，既然我们选择了远方，就不会惧怕任何的困难挑战。不忘初心，牢记使命。我们相信，在以习近平同志为核心的党中央坚强领导下，在全体中华儿女的不懈奋斗中，中华民族伟大复兴的中国梦一定能够实现！

延伸阅读

1. 马克思、恩格斯：《德意志意识形态》，《马克思恩格斯选集》第 1 卷，人民出版社 2012 年版。

2. 毛泽东：《矛盾论》，《毛泽东选集》第 1 卷，人民出版社 1991 年版。

[①] 习近平：《在庆祝改革开放 40 周年大会上的讲话》，《人民日报》2018 年 12 月 19 日。

3.习近平：《在纪念刘少奇同志诞辰120周年座谈会上的讲话》，《人民日报》2018年11月24日。

深度思考

1.说一说广大青年如何在实现中华民族伟大复兴中国梦的不懈奋斗中发挥自己的作用。

2.在脱贫攻坚战中，我们要如何发扬不懈奋斗的精神？

3.习近平总书记说："实现伟大的理想，没有平坦的大道可走。夺取坚持和发展中国特色社会主义伟大事业新进展，夺取推进党的建设新的伟大工程新成效，夺取具有许多新的历史特点的伟大斗争新胜利，我们还有许多'雪山'、'草地'需要跨越，还有许多'娄山关'、'腊子口'需要征服，一切贪图安逸、不愿继续艰苦奋斗的想法都是要不得的，一切骄傲自满、不愿继续开拓前进的想法都是要不得的。"请谈一谈对这段话的理解。

第九章

奋斗目标:
创造人民的美好生活

2012 年 11 月 15 日，十八届中央政治局常委与中外记者见面时，习近平总书记深情、质朴而真诚地谈道："我们的人民热爱生活，期盼有更好的教育、更稳定的工作、更满意的收入、更可靠的社会保障、更高水平的医疗卫生服务、更舒适的居住条件、更优美的环境，期盼孩子们能成长得更好、工作得更好、生活得更好。人民对美好生活的向往，就是我们的奋斗目标。"[①] 美好生活是马克思主义的社会理想，是共产党人由始至终的奋斗目标。中国特色社会主义进入新时代，人民对于美好生活的需要日益增长，美好生活的实现需要个体的努力，但更需要中国共产党人通过不懈的奋斗为个体的美好生活创造实实在在的社会条件。将人民对美好生活的向往作为共产党人的奋斗目标，既是习近平总书记对全体党员的殷切期望，也是党对人民的庄严承诺。

一、人民的美好生活是
马克思主义政党的奋斗目标

　　美好生活是人类永恒的追求，从一定意义上讲，人类历史就是一部美

[①] 习近平：《人民对美好生活的向往，就是我们的奋斗目标》，《习近平谈治国理政》第 1 卷，外文出版社 2018 年版，第 4 页。

好生活的追求史。在哲学史上，从苏格拉底提出"认识你自己"的问题开始，哲学的兴趣就不再是寻求纯粹的智慧，"人及其美好生活"始终是内在于其中的主题。不同时代的哲学家往往从不同的立场出发阐述对美好生活的见解，马克思则从人民立场出发延续了对美好生活的探寻。马克思在青少年时期就表达了要为整个人类的幸福而奋斗的人生理想，此后，他更是通过对资本主义社会的批判，阐述了自己的社会理想，即共产主义的美好生活。

在马克思生活的时代，西方主要资本主义国家先后进行了资产阶级革命，迈入资本主义蓬勃发展的时期，因此，他亲眼看见了资本主义的快速发展及种种罪恶，并对资本主义社会进行了严厉的道德谴责和深刻的哲学批判。马克思认为，资本主义是一个异化、颠倒和极端不公的社会，在其中无产阶级受到非人的摧残与残酷的剥削，"工人生产得越多，他能够消费的越少；他创造价值越多，他自己越没有价值、越低贱；工人的产品越完美，工人自己越畸形；工人创造的对象越文明，工人自己越野蛮；劳动越有力量，工人越无力；劳动越机巧，工人越愚笨，越成为自然界的奴隶。"①对于当时的工人阶级而言，资本主义社会就是人间地狱。马克思还指出，在资本主义社会，人的存在是一种普遍异化的、片面的、非自由的存在，作为社会统治阶级的资产者也不能幸免。在现代分工体系中，人的活动被限制在特定范围之内，本该十分丰富的生活与生命变得片面而单调。人的行为受到种种外在、异己的力量特别是资本的支配，人的一切感觉、思维与行动都打上了资本的烙印。资本按照自己的本性塑造了整个世界，永不停歇、追求增殖的资本运动给人类社会带来诸多问题与危机：资本破坏了一切美好的关系，将人与其他一切对象的关系都还原成"交换关系""占

---

① 马克思：《1844 年经济学哲学手稿》，《马克思恩格斯全集》第 3 卷，人民出版社 2002 年版，第 269 页。

有关系"，人和人的关系也被颠倒为物的关系，"它使人和人之间除了赤裸裸的利害关系，除了冷酷无情的'现金交易'，就再也没有任何别的联系了"①；人将自然视为征服与利用的对象，人与自然的关系处于紧张与对立中，资本的增殖本性使生态危机不可避免；由于资本对利润的疯狂追求，人与人之间，不同国家与地区间都处于激烈的竞争与频繁的冲突中，竞争的结果则必然是整个世界的两极分化，是整个世界的动荡不安。

带着对工人阶级无限的同情与对整个人类的深切关怀，在对资本主义进行深刻批判的基础上，马克思指出，旧的社会形态（资本主义）及其生活方式必然瓦解，新的社会形态（共产主义）及其美好生活产生的条件则蕴育其中并必然产生。在他看来，在共产主义社会，整个生产生活方式都将发生颠覆性的变革。在生产力高度发达和物质十分充裕的基础上，生产资料归全体社会成员所有，劳动产品按需分配，高度发达的生产力将为人们在共产主义社会的美好生活奠定坚实的物质基础。在这种生产方式与充裕的物质基础之上，美好生活体现为人与自身、人与他人、人与自然之间紧张关系的真正化解。

首先，美好生活意味着人与自身的和解，没有任何人的活动被强制地限定于特定范围之内，每个人都能自由地选择自己的生活方式，每个个体都摆脱了外在的强制实现自由全面的发展，从而使人的生命与生活的多样性与丰富性得到充分展现，成为有个性的个人，实现个体生活的幸福。对于这一美好生活的场景，马克思、恩格斯在《德意志意识形态》中有过十分经典的描述："在共产主义社会里，任何人都没有特殊的活动范围，而是都可以在任何部门内发展，社会调节着整个生产，因而使我有可能随自己的兴趣今天干这事，明天干那事，上午打猎，下午捕鱼，傍晚从事畜牧，

---

① 马克思、恩格斯:《共产党宣言》，《马克思恩格斯选集》第 1 卷，人民出版社 2012 年版，第 403 页。

晚饭后从事批判，这样就不会使我老是一个猎人、渔夫、牧人或批判者。"

其次，美好生活意味着人们生活于一个没有阶级剥削与压迫、有序的自由人的"联合体"。在共产主义社会，阶级消亡了，每个人都从事劳动，都是平等的劳动者。劳动者们组成有序的自由人的联合体，这是一个真正的共同体，在其中个体的自由全面发展不仅不会受到压抑，而且这个共同体本身就为个体的自由全面发展提供条件。"代替那存在着阶级和阶级对立的资产阶级旧社会的，将是这样一个联合体，在那里，每个人的自由发展是一切人的自由发展的条件。"①

再次，美好生活还意味着人与自然紧张关系的消除。对于共产主义社会人与自然的关系，马克思指出："作为完成了的自然主义＝人道主义，而作为完成了的人道主义＝自然主义。"②这就是说，在共产主义社会将实现人的本质的复归与自然的复活，将实现人与自然、自由与必然之间矛盾的解决。一方面，随着人的认识与实践能力的不断增强，自然的本质、属性与规律内化成了人类自身的力量，人在实践中实现其丰富的人性与自由发展；另一方面，自然对于人而言不再是异己的存在，不再仅仅是征服与利用的对象，自然的多样性价值也得到体现。

显然，在马克思那里，共产主义社会的美好生活是人们生活整体状况的美好，是个体自我实现、个体生活幸福与真正共同体的构建的和谐统一。"它是人和自然界之间、人和人之间的矛盾的真正解决，是存在和本质、对象化和自我确证、自由和必然、个体和类之间的斗争的真正解决。"③共产主义是马克思主义的终极价值追求和最美好的生活形态，是每一个马克思主义政党当然的奋斗目标。在第一次公开阐明共产党人的观点与使命的

---

① 马克思、恩格斯：《共产党宣言》，《马克思恩格斯选集》第1卷，人民出版社2012年版，第422页。
② ③ 马克思：《1844年经济学哲学手稿》，《马克思恩格斯全集》第3卷，人民出版社2002年版，第297页。

《共产党宣言》中，马克思和恩格斯明确提出："过去的一切运动都是少数人的，或者为少数人谋利益的运动。无产阶级的运动是绝大多数人的，为绝大多数人谋利益的独立的运动。"无产阶级政党强调与坚持人民的利益而没有自己的特殊利益，无产阶级建立政党就是要从事消灭人剥削人、人压迫人的不合理社会制度的事业，就是要依靠最大多数人并为最大多数人谋利益，追求整个人类自由全面解放，最终实现共产主义的美好生活。美好生活是共产党人为之不懈奋斗的社会理想，为人民的美好生活而奋斗是马克思主义政党与生俱来的历史使命。

二、为人民的美好生活而奋斗是
我们党坚守的初心

中国共产党以马克思主义为指导，共产主义社会的美好生活当然是我们的终极奋斗目标。但是，且不论我们党成立之初面对的是怎样的艰苦局面，即便在中国特色社会主义建设取得伟大成就、迈入新时代的今天，我们仍然与马克思描绘的"自由人联合体"有着十分遥远的距离。人与自身、社会与自然的真正和谐状态、每个人的自由全面发展仍然是远大理想，是只有通过不懈追求才能到达的彼岸。共产主义社会的美好生活不是一蹴而就的，也不是不顾现实条件对现实勉强按照某种理想的蓝图就能构建出来的。共产主义是在不同社会历史条件下，对不合理的现实不断进行批判与改造的现实的运动，是不断积累马克思、恩格斯为我们描绘的美好生活所需条件与基础，不断趋近于伟大理想中蕴含的诸种值得人类永恒追求的价值的实践过程。美好生活既是远大的社会理想，又是切近时代的现实实践，

这种实践具体地体现为中国共产党为让人民生活得更加美好所做的种种努力。党从创立起领导革命、建设和改革所做的一切努力，都是为了让中国人民生活得更加美好，都是追求共产主义的历史实践。

我们党成立于民族危亡之际，在整个民族面临亡国灭种的威胁、整个国家战事连绵、整个社会动荡不安的时期，对于绝大多数的中国人而言，个体的生命存在尚且难以保全，最基本的安全需求都无法得到保障，根本谈不上美好的生活。要实现中国人民的美好生活，首先就是要使中国的穷苦百姓摆脱压迫与剥削，使中华民族摆脱落后挨打的命运。因此，我们党成立之初就把马克思主义鲜明地写在自己的旗帜上，将为人民谋幸福、为民族谋取伟大复兴作为自己的奋斗目标。党的一大的召开宣告了中国共产党正式成立，一大通过的党的纲领明确提出，中国共产党是无产阶级政党，它的任务就是要推翻资产阶级的统治，直至消灭阶级区分。

在旧中国，束缚生产力发展、阻碍社会进步，并使中国人民的生活陷入悲惨境地的就是帝国主义、封建主义与官僚资本主义的共同统治。因此，早在党的二大制定的党的最低纲领中，我们党就提出了要带领中国人民推翻帝国主义和封建主义的革命任务。在党的七大上，我们党将"全心全意为人民服务"写进党章总纲，从此"全心全意为人民服务"就成了党的根本宗旨。1948年4月，毛泽东在《在晋绥干部会议上的讲话》中把官僚资本主义同帝国主义、封建主义一起列为中国革命的对象。只有推翻这三座压在中国人民头上的大山，中国人民才有迎来美好生活的可能。毛泽东在《为人民服务》的讲演中这样谈党和党的军队的性质与任务："我们的共产党和共产党所领导的八路军、新四军，是革命的队伍。我们这个队伍完全是为着解放人民的，是彻底地为人民的利益工作的。"[1] 当时，抗战仍在艰苦

---

[1] 毛泽东：《为人民服务》，《毛泽东选集》第3卷，人民出版社1991年版，第1004页。

条件下继续进行，国家与民族的前途尚未明确，毛泽东对党员干部提出的要求是："中国人民正在受难，我们有责任解救他们，我们要努力奋斗。"①就像我们党通过自己的纲领、党章所宣称的那样，在领导革命的时期，我们党克服了千难万苦，许多优秀的共产党员完全不顾自己个人生活的幸福，为了革命理想、为了给广大人民奠定美好生活的基础而抛头颅、洒热血。正是通过无数共产党员艰苦乃至惨烈的奋斗，中国人民才推翻了三座大山，从此翻身做主人、开启新生活。

知识链接

《为人民服务》

《为人民服务》是毛泽东于1944年9月8日在张思德同志追悼会上所作的讲演。当时，抗日战争正处在十分艰苦的阶段，有许多困难需要克服。毛泽东针对这一情况，讲述为人民服务的道理，号召大家学习张思德同志完全彻底为人民服务的精神，团结起来，打败日本侵略者。毛泽东在讲演中说："我们的共产党和共产党所领导的八路军、新四军，是革命的队伍。我们这个队伍完全是为着解放人民的，是彻底地为人民的利益而工作的。""全心全意为人民服务"，体现了社会主义道德的根本要求，是中国共产党立党宗旨的高度概括。

在马克思、恩格斯所描绘的共产主义美好生活蓝图中，他们强调，美好生活必须有良好的物质基础，"当人们还不能使自己的吃喝住穿在质和

---

① 毛泽东：《为人民服务》，《毛泽东选集》第3卷，人民出版社1991年版，第1005页。

量方面得到充分保证的时候，人们就根本不能获得解放"①。因此，对于一个马克思主义政党来说，一旦夺取政权，首先就要集中力量解放生产力、发展生产力，提高人民的物质生活水平，才谈得上逐步满足人民美好生活的其他需要。事实上，在革命战争年代，毛泽东就明确提出将来国内战争完结之后，工作的重心应当做出转移，指出要以经济建设为一切任务的中心。在全国胜利前夕召开的党的七届二中全会上，毛泽东谈到了党的工作重心转移问题。他指出，党的工作重心要由农村转向城市，着力于恢复城市中的生产事业，城市的其他工作"都是围绕着生产建设这一个中心工作并为这一个中心工作服务的"②。因为"如果我们在生产工作上无知，不能很快地学会生产工作，不能使生产事业尽可能迅速地恢复和发展，获得确实的成绩，首先使工人生活有所改善，并使一般人民的生活有所改善，那我们就不能维持政权，我们就会站不住脚，我们就会要失败"③。他还指出，与在城市一样，党在已经建立起人民政权、解决了土地问题的农村，最重要的工作任务也是动员一切力量恢复和发展生产事业。新中国成立以后，我们党一开始就把保障人民生活当作头等大事来抓，在一穷二白的基础上，努力恢复和发展生产，开展了被毛泽东认为意义不亚于淮海战役的"粮食、棉纱、银元"等"三大战役"，最终实现了经济局面的稳定和人民生活水平的稳步提高。1956 年，在完成社会主义改造的基础上，党的八大根据国内的新形势，对我国国内的主要矛盾做了正确的论断，即认为我国的主要矛盾已经是人民对于建立先进的工业国的要求同落后的农业国的现实之间的矛盾，已经是人民对于经济文化迅速发展的需要同当前经济文化不能满足

---

① 马克思、恩格斯：《德意志意识形态》，《马克思恩格斯选集》第 1 卷，人民出版社 2012 年版，第 154 页。
② 毛泽东：《在中国共产党第七届中央委员会第二次全体会议上的报告》，《毛泽东选集》第 4 卷，人民出版社 1991 年版，第 1428 页。
③ 毛泽东：《在中国共产党第七届中央委员会第二次全体会议上的报告》，《毛泽东选集》第 4 卷，人民出版社 1991 年版，第 1428 — 1429 页。

人民需要的状况之间的矛盾。但是，在此之后，由于一些原因，我们党的工作一度偏离这个关于社会主要矛盾的论断，没有真正将精力放到发展生产建设上。特别是"文化大革命"期间，我国经济发展长期处于停滞与徘徊中，人民生活没有得到明显改善，整个国民经济濒临崩溃的边缘。

党的十一届三中全会后，我们党重新认识了国情，并将党的工作重心转到经济建设上来。邓小平指出："社会主义的首要任务是发展生产力，逐步提高人民的物质和文化生活水平。从一九五八年到一九七八年这二十年的经验告诉我们：贫穷不是社会主义，社会主义要消灭贫穷。不发展生产力，不提高人民的生活水平，不能说是符合社会主义要求的。"①党的十一届三中全会揭开了改革开放的序幕，开启了全面建设小康社会的进程。改革开放 40 年来，我们始终坚持以经济建设为中心，经过艰难的探索与不懈的奋斗，今天，我国已经成为世界第二大经济体，并且经济持续稳定在较高水平上增长，十几亿中国人民已经解决了温饱问题，生活水平总体上实现了小康，不久就要全面建成小康社会。

除了物质生活水平的提高，我们党在政治、文化、社会、生态、军事、外交、党的建设等各个方面都取得了伟大成就，为人民提供了更多、更好的资源、产品、服务、机会、保障等等，中国人民因为这些伟大成就普遍感受到了更多的公平、正义与自由，过上了更体面的生活，感受到了更多的获得感和幸福感。正如习近平总书记在庆祝改革开放 40 周年大会上所指出的："为中国人民谋幸福，为中华民族谋复兴，是中国共产党人的初心和使命，也是改革开放的初心和使命。"一部改革开放史，就是一部中国共产党沿着正确方向、为中国人民的美好生活不断筑牢基础的奋斗史。40 年来，我们的党、我们的国家、我们的人民的生活都发生了翻天覆地的变化，但

---

① 邓小平：《政治上发展民主，经济上实行改革》，《邓小平文选》第 3 卷，人民出版社 1993 年版，第 116 页。

是，我们党全心全意为人民服务的根本宗旨始终没有变，我们党为人民的美好生活而奋斗的初心始终没有变。让所有中国人民过上美好生活，始终贯穿于党的各项事业中，体现在创业、守业、兴业的全过程。中国共产党在带领全国人民创造美好生活的过程中实现了自我成长、自我壮大，在人民和历史的选择中取得领导地位并不断得以巩固；中国人民也在中国共产党的带领下比任何时代都更接近实现民族复兴的伟大梦想。

三、在不懈奋斗中不断满足人民对美好生活的需要

经过几代共产党人的艰苦奋斗，近代以来，历尽磨难的中华民族迎来了从站起来、富起来到强起来的伟大飞跃，也迎来了中华民族伟大复兴的光明前景。在党的十九大报告中，习近平总书记指出中国特色社会主义进入了新时代，这是对我国所处历史方位的科学判断。新时代意味着我们党需要面对新情况、新挑战、新任务、新矛盾，要构建战略新布局、实现事业新发展。新时代的突出特点是"新"，但是，新时代并不意味着与历史的割裂，也绝不是初心的改变。习近平总书记多次在不同场合谈到"人民对美好生活的向往就是我们的奋斗目标"这一观点，对新时代的中国共产党人提出了为这一目标不懈奋斗的要求。

（一）人民对美好生活的向往这一奋斗目标本身的内涵与特性决定了共产党人要为之不懈奋斗

美好生活既是一种主观体验，又是一种客观存在。美好生活是当人们

的各种需要能够得到满足时，对自己生活整体状况做出的肯定的、积极的判断。但同时，美好生活又是一种客观状态，人们对于自己生活的积极判断来自于美好的客观存在，简言之，美好生活的实现有赖于种种现实的条件。然而，满足人民美好生活需要的现实条件不会凭空产生，外在的客观世界不会自动地满足人的需要，人们只能通过实践来满足自己的需要。

美好生活本身有着十分丰富的内涵，美好生活的实现是一项复杂的奋斗过程。按照马克思的观点，美好生活是人类整体生活状况的美好，其目标是要达到人与自身、与社会、与自然关系的和谐，在实践中要追求这种和谐的生活状况，就要满足人民群众各种物质与精神需要，要在涉及人们生活的方方面面，如安全、环境、教育、医疗、民主、法治、公平、正义等各个方面做出努力，这必然是一项复杂的工程和艰苦的奋斗过程。

人们对于美好生活的理解具有社会历史性，追求美好生活的过程必然是不懈奋斗的过程。美好生活在人们的实践中生成，而人们对于何为美好生活的理解并非一成不变，这是因为人们的需要和认识总是随着个体的偏好、时代的变化、文化的差异、社会的发展而变化。人们对一个概念的理解和作为这一概念的现实化的实践，始终是辩证的统一关系。一方面，在美好生活的实践中，人们原本的需要在得到满足后，又会产生新的需要，这些新的需要成了人们是否对自己生活整体状况做出积极评价的构成要素。美好生活的内涵因而不断丰富与发展，始终处于永恒的绝对的运动之中；另一方面，这种"概念的运动"又反过来推动美好生活的实践不断向前发展。

可以说，人民对美好生活的向往不会结束，也没有终点，对于美好生活，人民一直在持续的向往之中，这从根本上决定了，共产党人带领人民追求美好生活的实践必然是一个不懈的奋斗过程。正是由于人民对美好生活的向往这一目标本身的内涵与特性，我们看到，党的十九大报告用"始终不渝""必须始终""不断"等表述来强调只有通过不断奋斗才能满足人民对美好生活的需要。

（二）新时代以人民对美好生活的向往作为奋斗的目标具有新特点

伴随着中国特色社会主义进入新时代，人们的需要也发生了新的变化，面对这种新的变化，我们党对我国社会的主要矛盾做出了新的科学论断，即"人民日益增长的美好生活需要和不平衡不充分的发展之间的矛盾"。相应地，我们党一切工作的出发点、落脚点与评价标准已经变成是否能以更加平衡、更加充分、更好的发展来满足人民日益增长的美好生活需要。因此，我们首先就要直面新时代人民的美好生活需要的现实复杂性，掌握新时代人民的美好生活需要的新特点。

1. 从基本需要到较高要求

经过艰苦卓绝的革命斗争，中国共产党带领全国人民获得了民族解放，从而为中国人民的美好生活奠定了最基本的前提。40年波澜壮阔的改革开放，极大地解放和发展了生产力，人民生活的物质条件得到显著改善，党在经济、政治、文化、社会、生态等领域取得了伟大成就。从既有的奋斗成果而言，党带领人民在各个方面取得的伟大成就为人民的美好生活提供了坚实的客观条件；从主观体验而言，绝大多数中国人对个体生活状况与社会整体状况做出肯定的、积极的评价。可以说，人们社会生活各方面的基本需要已经在很大程度上得到了满足，今天的中国人民已经实现了一定程度的美好生活。因此，今天人民对美好生活的需要事实上是对更美好的生活的需要，是人民对美好生活需要的升级。

2. 从相对单一到日益多元

马克思主义认为，人的需要是一个不断发展的过程，与动物永远是在满足基本的生存需要不同，随着实践的进展，人的需要的内容、范围以及满足需要的手段会越来越多，人的需要的无限性和广泛性不断扩大。不难看出，新时代人民对美好生活的需要早已从相对单一走向日益多元。比如，在相当长的一段时间内，我们党着重解决的就是人民的物质生活水平问题。就人民的主观感受而言，只要经济不断发展，物质生活水平不断提高，人民就倾向于对自己的生活状况做出肯定的评价。也就是说，人民据以做出生活是否美好的维度长期是相对单一的。但是，随着社会的进步、人民生活水平的显著提高，人民的需要也逐步丰富起来，一些被阶段性忽略的主要的、基本的需要显得更加突出。例如，人民对于更好的民主、法治、公平、正义、环境等客观条件的需要，如基于客观条件的改善的尊严、体面、自由、安全感、归属感、获得感、幸福感等带有深厚主观色彩的需要，等等。人民据以衡量生活是否美好的因素不再是简单的物质文化需要的满足，而是一系列相互影响，相互作用的需要是否被满足，只有这些需要都得到充分的满足，人民对于生活的满意度才能显著提升，也才更倾向于对自己的生活做出积极的评价。

3. 从相对统一到矛盾冲突

一方面，国家、民族是一个命运共同体，个体的美好生活与国家、民族紧密相关，同属于一个国家、民族的人民对于美好生活的需要也一定程度上具有天然的共通性、统一性；另一方面，不同个体、群体在社会生活中处于不同的位置，从而使人民对美好生活的需要从来都存在不同程度的差异性。在一定条件下，这种共通性会相对凸显，如国家、民族处于危亡之际，如人们利益相对一致、思想相对统一、集体主义占据主流时。应当说，改革开放之前我们国家的总体状况就是如此。但是改革开放以后，特别是近年来，社会阶层和利益的分化、意识形态与价值观的多元已经成为一个基本的事实。在多元的需求体系中，不同个体、不同群体从自己的立场出发注重、强调不同的方面，除去人们的需要本身因差异性而存在矛盾冲突的可能外，在发展进程中，在资源与制度保证仍不充分的条件下，这种矛盾冲突有时还会更加激烈。在这种情况下，只有既充分尊重与倾听人民的不同需要，又寻求共识，找到最大公约数，才有可能最大限度地控制矛盾冲突。

（三）新时代为满足人民的美好生活需要而奋斗就是要不断推进改革与发展

在新时代如何坚持为人民谋幸福的初心与使命，习近平总书记做出了十分清楚的回答。在十八届中央政治局常委同中外记者见面时，他谈道："人世间的一切幸福都需要靠辛勤的劳动来创造。我们的责任，就是要团结带领全党全国各族人民，继续解放思想，坚持改革开放，不断解放和发展社会生产力，努力解决群众的生产生活困难，坚定不移走共同富裕的道路。"[①]党的十九大报告指出："带领人民创造美好生活，是我们党始终不渝的奋斗目标。必须始终把人民利益摆在至高无上的地位，让改革发展成果更多更公平惠及全体人民，朝着实现全体人民共同富裕不断迈进。"在新时代要在解放思想、坚持以人民为中心的基础上，以不断推进改革与发展来满足人民对美好生活的需要。

解放思想是改革与发展的前提。人的一切活动都是有目的有意识的活动，人们思想的正误决定了实践的成败，人们思想的深度与广度影响了实

[①] 习近平：《人民对美好生活的向往，就是我们的奋斗目标》，《习近平谈治国理政》第 1 卷，外文出版社 2018 年版，第 4 页。

践的深度与广度。从一定意义上，思想决定人们的行为。一旦我们的党员、干部的思想被禁锢、停滞不前，不能对新情况新问题做出及时的反应，实践就会落后于时代的需要、人民的需要；相反，实践领域的积极进展往往和思想的解放、理论的变革紧密相连，合乎时代发展的思想认识就能有力地推动实践的发展。众所周知，真理标准问题大讨论就是一次伟大的思想大解放，就是一次理论上的大发展，这种思想上、理论上的解放与发展为改革开放奠定了思想基础。从哲学上的角度来讲，现实是不断发展的，人们必须不断解放思想，推翻旧的不合时宜的认识，形成新的合理的认识以指导实践。在这个日新月异的、社会大变革的时代，这一点更是显得尤为重要。由于已经取得了伟大成就，由于在以往的工作中已经形成了思想与工作方式的惯性，由于人的认识往往相对于现实的进展具有滞后性，等等，我们要突破思想上的舒适区，改变既有思维方式并不容易，但是我们必须正视日益复杂的现实状况，解放思想、实事求是，进一步推进改革与发展。

坚持以人民为中心是改革与发展的根本价值取向。习近平总书记强调："让老百姓过上好日子是我们一切工作的出发点和落脚点。"[1]我们党发展壮大的力量源泉是人民，我们党为之奋斗的对象也是人民。今天，把人民对美好生活的需要作为我们党一切工作的出发点、落脚点和判断标准，已经成了广大党员干部的广泛共识。在前进的道路上，"为了谁"始终不能忘记。尤其是在当前中国处于阶层与利益分化、思想与价值观多元的背景下，不同个体、不同群体对于美好生活的需要必然发生矛盾与冲突。我们的改革与发展必须明确，绝不是为了某个人、某个群体的特殊利益，而是在尊重客观存在的差异上，最大限度地凝聚共识，使改革发展的成果惠及每个人，让每个人都有人生出彩的机会，让每个人都有归属感、获得感和幸福感。

---

① 习近平：《深入实施创新驱动发展战略　为振兴老工业基地增添原动力》，《人民日报》2013年9月2日。

　　新时代的改革与发展必须是不断的、全面而深入的改革与发展。毋庸讳言，今天，人民生活的现实状况与人民的主观需要客观上仍存在一定差距，而这些差距在现有的物质文化基础、制度条件等现实条件下并不能很快得到弥补，只有通过不断的、全面而深入的改革与发展来解决人民生活中急需解决的一系列问题，这样才能提升人们的满意度。改革是发展的前提，发展是改革的目的，改革与发展是解决当前人民日益增长的美好生活需要和不平衡不充分的发展这一社会主要矛盾的唯一途径。而我们首先要强调，改革与发展只有进行时，没有完成时。其次，我们要注意，当前的改革与发展是全面而深入的。全面是指覆盖的范围涉及政治、经济、文化、社会、生态等社会生活的各个方面；深入是就程度而言，改革不是停留于表面、浅尝辄止，而是要敢于冲破利益藩篱，为推动发展做出根本性的变革。再次，我们还要明确，尽管当前人民的美好生活需要日益多元化，这意味着满足人民对美好生活的需要是一项日益复杂的任务，但是这项复杂任务中的各个方面并非没有轻重缓急。其中，经济的持续健康发展与制度建设是基础性和关键性任务，在这两项核心任务持续推进的基础上，满足人民群众最迫切的需要，解决人民群众最关心的问题。最后，我们还要强调，改革有底线，底线不能破，道路不能改，必须确保改革与发展在党的全面领导下进行，中国特色社会主义道路是追求人民美好生活的必由之路。

　　人民向往美好生活，美好生活却从来不会凭空而降，"幸福是奋斗出来的"，而共产党则是这一奋斗过程的领路人、护航人。在新时代强调共产党人要坚持为人民的美好生活而奋斗的初心，并不是对共产党人在实践中始终遵循的原则的无意义重复。新时代强调为人民对美好生活的向往而奋斗是中国共产党人顺应社会与时代发展做出的有力回应，是对实现人民美好生活中必然遇到的种种问题与挑战的科学预见，是共产党人应对挑战与勇担使命的坚定决心。我们相信，只要我们直面现实，齐

167

心协力，努力奋斗，就会不断地趋近于马克思、恩格斯描绘的美好生活图景。

延伸阅读

1. 马克思、恩格斯：《共产党宣言》，《马克思恩格斯选集》第1卷，人民出版社2012年版。

2. 毛泽东：《为人民服务》，《毛泽东选集》第3卷，人民出版社1991年版。

深度思考

1. 如何理解马克思主义视野中的"美好生活"概念？

2. 新时代人民对美好生活的向往有什么新特点？

3. 习近平总书记在庆祝改革开放40周年大会上的讲话中说："我们必须始终把人民对美好生活的向往作为我们的奋斗目标，践行党的根本宗旨，贯彻党的群众路线，尊重人民主体地位，尊重人民群众在实践活动中所表达的意愿、所创造的经验、所拥有的权利、所发挥的作用，充分激发蕴藏在人民群众中的创造伟力。"请谈一谈对这段话的理解。

第十章

看家本领:
不懈奋斗的科学方法

马克思主义既是一种世界观，也是一种方法论，所谓的马克思主义唯物辩证法，天然蕴含着对世界的唯物主义定性以及对事物之间联系与发展规律的辩证认识。中国共产党人特别注重将马克思主义普遍原理与中国社会的具体实际相结合，在这一结合中，一方面，中国的革命、建设和改革事业实现了历史性飞跃和持续性发展；另一方面，马克思主义的真理性、人民性和时代性在中国也得到了充分检验和彰显。这一伟大的历史实践证明，马克思主义的命运早已同中国共产党的命运、中国人民的命运以及中华民族的命运紧紧连在一起。因此，对于当代中国共产党人来说，从方法论的意义上继续坚持和发展马克思主义，进而继续带领人民创造历史伟业是一个必然的理论要求。

一、唯物辩证法是马克思主义的根本方法论

1895 年，恩格斯在致韦尔纳·桑巴特的信中特别指出：“马克思的整个世界观不是教义，而是方法。它提供的不是现成的教条，而是进一步研究的出发点和供这种研究使用的方法。”① 对于整个马克思主义理论而言，这段话具有提纲挈领的意义，它是我们理解马克思的著作体系、问题意识和理

---

① 恩格斯：《致韦尔纳·桑巴特》，《马克思恩格斯选集》第 4 卷，人民出版社 2012 年版，第 664 页。

论成果的总体指引。

（一）黑格尔的辩证法及其根本局限

对于黑格尔的辩证法，马克思和恩格斯曾经进行了充分肯定和积极阐释，但是，在遭遇了"物质利益难题"之后，他们旋即对黑格尔辩证法所赖以存在的唯心主义哲学进行前提性和存在论性质的批判。在此过程中，马克思和恩格斯一道真正实现了哲学领域的革命，这种哲学革命的成果最终巩固在辩证唯物主义和历史唯物主义的原理与方法之中。

在黑格尔这里，总体性的问题大致有两个：一个是作为具有上帝形象和意蕴的绝对精神的自我存在、展开和实现，所以，对于康德那种为人的知性能力划定边界的做法，黑格尔很不满意。在他看来，康德的"批判哲学把主观的对立扩大了，它所谓主观性包括经验的总体，换言之，把经验的两个成分都包括在内，除了物自体以外，更没有别的与主观性相对立的客观性了"①。说到底，康德的哲学是一种二元主义哲学，在他这里，主观和客观、主体与客体是根本对立的。当然，黑格尔也承认，康德在认识活动之前对认识能力本身的批判或许也有某种合理性，在类似于笛卡儿和休谟的意义上，其似乎给我们拓宽和深化了研究思维活动规律的一条路径。但其矛盾在于，我们似乎要在求得知识之前其实已经展开了认识，这就类似于我们在没有学会游泳之前就要在头脑中先开始游泳。毋宁说，康德所谓的客观并未超出主观，其思维的普遍性和必然性与其所悬设的物自体之间存在着一条无法逾越的鸿沟。

---

① 黑格尔著，贺麟译：《逻辑学概念的初步规定》，《小逻辑》，商务印书馆1996年版，第117页。

知识链接

物自体

物自体原是德国古典哲学家康德提出的一个基本哲学概念，又译"自在之物"。它是指认识之外的、又绝对不可认识的存在之物。它是现象的基础，人们承认可以认识现象，必然要承认作为现象基础的物自体的存在。在康德看来，人们为了把自己的知识不断推向前进，最终是要在实践上日益趋向道德的目的，所以人必须努力追求对自在之物或物自体的知识。这时，自在之物就是人们出于理性的本性而设定的"理念"，即灵魂、宇宙和上帝。它们虽然不能被认识，却可以被信仰。

但是，黑格尔同时看到，康德对于知性和理性的区分具有积极意义。在肯定康德的意义上，他指出："知性以有限的和有条件的事物为对象，而理性则以无限的和无条件的事物为对象。"[1]依据这种区分，黑格尔认为，除了制造现象和物自体之间的二元对立之外，康德哲学的另一个缺点是："对思维活动只加以历史的叙述，对意识的各环节，只加以事实的列举。他所列举的各项诚然大体上是对的，但他对于这样根据经验得来的材料并没有说明其必然性。"[2]在此意义上，费希特似乎给予了"自我"以崇高的地位。但是，这种自我是受外界刺激而激发出来的，在这个自我的对面，依然存在着一个"非我"意义上的"他物"，这和康德的"物自体"毫无二致。反过来说，没有了这个"非我"就没有了"自我"，质言之，费希特也没

---

[1] 黑格尔著，贺麟译：《逻辑学概念的初步规定》，《小逻辑》，商务印书馆 1996 年版，第 126 页。
[2] 黑格尔著，贺麟译：《逻辑学概念的初步规定》，《小逻辑》，商务印书馆 1996 年版，第 150 页。

有超出康德哲学。

与康德和费希特相反，黑格尔认为："逻辑的思维一般地讲来，并不仅是一个主观的活动，而是十分普遍的东西，因而同时可以认作是客观的东西。"① 哲学所追求的便是这种超出知性范畴的、具有普遍性的、理性的真理。"思辨的真理不是别的，只是经过思想的理性法则（不用说，这是指肯定理性的法则）"②。而"思辨的真理，就其真义而言，既非初步地亦非确定地仅是主观的，而是显明地包括了并扬弃了知性所坚持的主观与客观的对立，正因此证明其自身乃是完整、具体的真理"③。这一真理能够把矛盾对立的双方作为观念的环节包含在自身之内。黑格尔逻辑学所包含的存在论、本质论和理念论便是其所谓的思辨的真理这一辩证过程的完整呈现，它象征着自由与必然、现象和本质、思维与存在的具体的历史的统一。

另一个问题是作为否定之否定的辩证法。辩证法不是单纯的否定，而是辩证的否定，单纯的否定是怀疑主义，而辩证的否定则是一种内在的超越，它使得知性概念的片面性、局限性和自身否定性得到呈现，换言之，"凡有限之物莫不扬弃自身"④。因而，"辩证法构成科学进展的推动的灵魂。只有通过辩证法原则，科学内容才达到内在联系和必然性，并且只有在辩证法里，一般才包含有真实的超出有限，而不只是外在的超出有限。……辩证法是现实世界中一切运动、一切生命，一切事业的推动原则。同样，辩证法又是知识范围内一切真正科学认识的灵魂"⑤。作为一种科学的方法论，辩证法代表了对事物的整体的过程性认识。此外，黑格尔同时强调，辩证法并不是什么神秘的新东西，柏拉图、苏格拉底和康德以及怀疑主义和诡辩主义对其都有所涉及。单就怀疑主义而言，它只是单纯的否

---

① 黑格尔著，贺麟译：《逻辑学概念的初步规定》，《小逻辑》，商务印书馆 1996 年版，第 174 页。
② ③黑格尔著，贺麟译：《逻辑学概念的初步规定》，《小逻辑》，商务印书馆 1996 年版，第 183 页。
④ 黑格尔著，贺麟译：《逻辑学概念的初步规定》，《小逻辑》，商务印书馆 1996 年版，第 176 页。
⑤ 黑格尔著，贺麟译：《逻辑学概念的初步规定》，《小逻辑》，商务印书馆 1996 年版，第 176—177 页。

定，而辩证哲学在否定中包含肯定，在肯定中包含否定，它是"肯定—否定—否定"。在此意义上，辩证法终结了旧的形而上学，它对事物不是单纯的否定或肯定，而是将其理解为一个否定之否定的过程，这已经实质地超越了康德的二元主义哲学。

因而，在黑格尔这里，概念的辩证法其实就是理念的辩证法，其运动过程是："概念作为普遍性，而这普遍性也是个体性特殊化其自己为客观性，并和普遍性相对立，而这种以概念为其实体的外在性通过其自身内在的辩证法返回到主观性。"①基于这一过程，黑格尔同时指出，理念其实就是绝对理念，它是有生命的，它从自己开始，经过了自己的差异性和对立性的分化和斗争又回到自身，辩证法无非就是绝对理念的运动形式。为此，黑格尔还专门以老人和小孩为例进行了说明。他指出："绝对理念可以比做老人，老人讲的那些宗教真理，虽然小孩子也会讲，可是对于老人来说，这些宗教真理包含着他全部生活的意义。即使这小孩也懂宗教的内容，可是对他来说，在这个宗教真理之外，还存在着全部生活和整个世界。同样，人的整个生活与构成他的生活内容的个别事迹，其关系也是这样。……当一个人追溯他自己的生活经历时，他会觉得他的目的好像是很狭小似的，可是他全部生活的迂回曲折都一起包括在他的目的里了。同样，绝对理念的内容就是我们迄今所有的全部生活经历。"②在此意义上，辩证法已经不是一个单纯的认识问题，而是充满了历史感。

黑格尔对辩证法的发展起到了巨大的巩固和推动作用，他那种渴望从整体上把握事物本质的做法的确让人肃然起敬，在此基础上，他构筑起了一套以绝对精神为统领的宏大的哲学体系，从而实现了对近代二元主义哲学的批判和超越。但是，需要更加注意的是，黑格尔是个纯正的基督徒，

---

① 黑格尔著，贺麟译：《概念论》，《小逻辑》，商务印书馆1996年版，第403页。
② 黑格尔著，贺麟译：《概念论》，《小逻辑》，商务印书馆1996年版，第423页。

康德在给信仰留出地盘的同时其实是给上帝留出了位置，而黑格尔所谓的绝对精神和理念其实就是上帝本身。在《历史哲学》中，黑格尔曾经直言不讳地指出，参透上帝的奥妙就是"精神"。所谓的历史哲学无非就是要在世界历史的整体架构中洞察绝对精神产生、发展和实现的过程。绝对精神就是行走在地上的神，辩证法只不过是完成这一行走的基本形式，人的作用就是感知这种精神，以实现自我意识与客观精神历史的具体的统一。

（二）马克思的辩证法及其科学内涵

在揭示辩证法的内涵和形式时，黑格尔也赋予了辩证法以思辨主义和神秘主义色彩，这让以唯物主义哲学为底色的马克思和恩格斯不满。当然，马克思和恩格斯最初也被黑格尔的理性主义哲学所吸引，可是，当他们发现黑格尔辩证法的唯心主义实质之后，他们毅然展开了对以黑格尔为代表的整个德国古典哲学的批判。在此过程中，他们所完成的理论贡献有二：一个是，他们实质地恢复了辩证法本来的面目，使辩证法变成了对现实的事物的实质性联系的本质反映和揭示；另一个是，他们在对古典政治经济学的批判性分析中贯穿了这一方法，从而使我们对资本主义生产方式的认识置于科学的基础之上，这为后世的科学社会主义运动奠定了科学的理论基础。

1. 在哲学革命的环节，他们对黑格辩证法的唯心主义实质进行了清算

在《德意志意识形态》这部标志着马克思主义哲学真正创立的经典著作写作之前，马克思和恩格斯已经完成了对唯心主义哲学批判的准备性工作。这主要表现在：在关于莱茵省议会的若干辩论中，马克思已经对德国的书报检查制度和财产制度的合理性提出了质疑；在对黑格尔哲学的批判

中，马克思对宗教的本质进行了彻底揭露；在对犹太人问题的分析中，马克思已经意识到了作为现代商业精神象征的犹太人问题的现代性本质；在《英国工人阶级状况》和《政治经济学批判大纲》中，恩格斯已经对现代社会所造成的阶级分离和对立状况进行了现实的揭示；在对异化劳动和私有制的关系进行一体化分析之后，马克思的思想触角已经触及了资本主义生产关系所蕴含的经济机制，进而提出了共产主义必然意味着真正的自然主义与人道主义的设想。与此同时，马克思已经明确肯定了费尔巴哈对黑格尔辩证法的批判性态度及其唯物主义成果；在聚焦于感性的对象性活动之后，马克思对费尔巴哈那种不懂人的实践活动的抽象人本主义进行了进一步批判。经由这些准备，马克思实际上已经给其即将进行的哲学革命清理出了一块坚实的基地。因而，在《德意志意识形态》中，马克思和恩格斯对整个德国的观念论哲学进行了整体批判。在此问题领域中，他们坚定地认为，包括黑格尔的辩证法在内的整个德国哲学其实并没有离开哲学的基地，他们不懂得，现实的人的需要及其生产和交往活动才是使市民社会、国家和世界历史得以可能的存在论基础。当然，由于种种原因，这部著作在马克思生前并未发表，以至于在《费尔巴哈论》中，恩格斯对马克思如何进入费尔巴哈以及马克思又如何脱离费尔巴哈进行了一次整体交代。恩格斯启示我们，马克思并不否认人的思维活动，而是认为人的思维活动在根本上受其物质存在基础所决定，而所谓的辩证法无非对人的现实活动的过程及其结果的一种反映和说明。这便是作为现实的人的活动规律的基本理论，即历史唯物主义理论。

2. 在资本批判的环节，他们对国民经济学家的抽象主义行径进行了彻底批判

马克思的哲学是一种现实性很强的哲学，绝非一种对人的思维活动的

抽象论证，所以，在哲学革命之后，马克思从对实践概念的关注逐渐转向了人的劳动行为本身。基于对人的劳动行为的经济性质的分析，马克思的分析必然要转向对资本逻辑的研判之中，也正是在此意义上，政治经济学的批判成为可能。可以说这一视角的转换其实从他写《1844 年经济学哲学手稿》的时候就已经开始。在这部手稿中，马克思表明，在国民经济学家这里，工人只是被当作和机器一样的劳动工具看待，在此情况下，"工人完全像每一匹马一样，只应得到维持劳动所必需的东西。国民经济学不考察不劳动时的工人，不把工人作为人来考察，却把这种考察交给刑事司法、医生、宗教、统计表、政治和乞丐管理人去做"①。按照这种逻辑，工人只是会说话的劳动工具，整个资本主义生产过程似乎具有天然的合理性，国民经济学能够告诉我们产品生产和财富增加的秘密，却不能告诉我们产品过剩和阶级对抗的秘密。实际上，那些国民经济学家默认了私有财产存在的合理性前提，他们不能说出"私有制、贪欲以及劳动、资本、地产三者的分离之间，交换和竞争之间、人的价值和人的贬值之间、垄断和竞争等等之间以及这全部异化和货币制度之间的本质联系"②。因而，他们眼中的劳动以及劳动者都是抽象的，"国民经济学由于不考察工人（劳动）同产品的直接关系而掩盖劳动本质的异化"③。因此，马克思后来对价值和使用价值、抽象劳动和具体劳动的分析其实贯穿了辩证法的原则，这使得马克思主义理论以及科学社会主义运动获得了科学的世界观和方法论的指引。

---

① 马克思：《1844 年经济学哲学手稿》，《马克思恩格斯文集》第 1 卷，人民出版社 2009 年版，第 124 页。
② 马克思：《1844 年经济学哲学手稿》，《马克思恩格斯文集》第 1 卷，人民出版社 2009 年版，第 156 页。
③ 马克思：《1844 年经济学哲学手稿》，《马克思恩格斯文集》第 1 卷，人民出版社 2009 年版，第 158 页。

二、重视思想方法是我们党的一个好传统

在中国波澜壮阔的历史实践中，马克思主义从未缺席，中国共产党人也从未放弃将马克思主义普遍原理与中国具体实际相结合的理论和实践努力。正因如此，我们不仅相继形成了毛泽东思想、邓小平理论、"三个代表"重要思想、科学发展观和习近平新时代中国特色社会主义思想，而且使中华民族迎来了从站起来、富起来到强起来的伟大飞跃，使中国特色社会主义迎来了从创立、发展到完善的伟大飞跃，使中国人民迎来了从温饱不足到小康富裕的伟大飞跃。带着这种历史自豪感，习近平总书记在总结改革开放40年发展经验时明确指出：必须坚持马克思主义指导地位，不断推进实践基础上的理论创新；必须坚持辩证唯物主义和历史唯物主义世界观和方法论，正确处理改革发展稳定的关系。可见，马克思主义已经与近现代中国社会所发生的历史巨变本质关联在一起。在此过程中，马克思主义的思想方法已经并将继续为中国特色社会主义事业的蓬勃发展产生积极的指导作用。

（一）毛泽东思想蕴含的科学方法论

马克思主义的立场、观点和方法具有内在的统一性。从根本上说，人民性是马克思主义立场的鲜明体现。在马克思主义创始人这里，早期对农民问题的关注和后期对工人阶级利益的辩护就已经非常明显，而当马克思主义传入中国之后，这一工农结合的立场被中国共产党人明确继承，只不过，20世纪的中国社会与19世纪的欧洲社会最大的不同在于，在中国，工人阶级很弱小，占人口绝大多数的是农民和农业人口；而在西欧社会，由于机器大工业和自由资本主义已经成为主导性生产方式，因而，工人阶级必然成为社会革命的主导力量。但是无论怎么讲，是否对占社会人口绝大

多数人的利益问题进行维护是马克思主义天然立场，这也是一份情怀。所以，尽管中国革命的主体是农民阶级，但是，中国共产党并没有忘记工人阶级，而是将其纳入自己的阶级基础中加以团结。这说明，在革命的价值立场上，中国共产党就是一个马克思主义政党。

如果说群众路线是马克思主义阶级立场的政治体现，那么，群众观点就是马克思主义历史观和人学观的中国化表征。正是因为心中始终装着群众，善于向群众学习，注重解决群众的问题，所以，以毛泽东同志为主要代表的中国共产党人才提炼升华出了一套行之有效的群众路线，即"一切为了群众，一切依靠群众，从群众中来，到群众中去"，正是因为始终坚持这条群众路线，党的基本理论、基本路线、基本制度和基本政策才得到了逐步确立和巩固，与此同时，马克思主义唯物辩证法和毛泽东思想也实现了方法论层面的结合。在不断做好群众工作的基础上，毛泽东其实也有意识地将马克思主义认识论向实践论进行相互转换，从而形成了诸多行之有效的思想方法和工作方法。

毛泽东十分重视方法论的理解和应用，他曾经形象地指出："我们不但要提出任务，而且要解决完成任务的方法问题。我们的任务是过河，但是没有桥或没有船就不能过。不解决桥或船的问题，过河就是一句空话。不解决方法问题，任务也只是瞎说一顿。"[①] 我们认为，毛泽东的思想方法主要体现在对事的分析和对人的辩证理解中，换言之，在他这里，认识论和实践论始终是有机结合的。

在认识论层面，毛泽东创造性地发挥出了很多符合中国人理解趣味和习惯的认识方法。如："从实际出发""真理的标准只能是社会的实践"的实事求是的思想方法；"世上一切事物都是对立统一""坚持真理，修正错

---

① 毛泽东：《关心群众生活，注意工作方法》，《毛泽东选集》第 1 卷，人民出版社 1991 年版，第 139 页。

误""去粗取精、去伪存真、由此及彼、由表及里""解剖麻雀"等辩证思维方法。与之相应，他还提出了"一分为二""剔除其糟粕，吸取其精华"等"两点论"的方法；"一着不慎，满盘皆输""抓主要矛盾""不能同时有许多中心工作""不要四面出击"等"重点论"的方法；"学会'弹钢琴'"的统筹兼顾的方法，以及"机不可失，时不再来""从最坏的可能性来设想"等底线思维的方法。

在实践论层面，毛泽东更是一位具有丰富实践智慧的政治家。例如，为了摸清实际情况，他提出了"没有调查，没有发言权""走马看花与下马看花"等实事求是的方法；为了做好群众工作，他提出了"先做学生，后做先生""领导要与群众相结合""党委书记要善于当'班长'"等领导方法；为了团结队伍，他提出了"又斗争又团结，以斗争求团结""团结——批判——团结""批评与自我批评相结合""惩前毖后，治病救人"的方法；为了消耗敌人的有生力量，他提出了"敌进我退，敌驻我扰，敌疲我打，敌退我追""集中大力，打敌小部"的军事斗争方法；为了统揽全局，他提出了"兼顾国家、集体和个人""军民兼顾，公私兼顾""统一领导，分散经营"等战略思维方法；为了抓落实，他提出了"愚公移山精神""欲速则不达""前事不忘，后事之师"等历史思维方法。此外，他根据革命斗争实际和党的建设的需要，还提出了"勤俭经营""精兵简政""待朋友：做事以事论，私交以私交论，做事论理论法，私交论情"等实际工作方法。

毛泽东指出："一个马克思主义者如果不懂得从改造世界中去认识世界，又从认识世界中去改造世界，就不是一个好的马克思主义者。一个中国的马克思主义者，如果不懂得从改造中国中去认识中国，又从认识中国中去改造中国，就不是一个好的中国的马克思主义者。"[①]实际上，毛泽东思

[①] 毛泽东：《驳第三次"左"倾路线（节选）》，《毛泽东文集》第2卷，人民出版社1993年版，第344页。

想本身就是一部方法论的集大成。在端正革命立场、巩固革命斗志的前提下，毛泽东结合中国实际丰富和发展了许多具有中国特点和中国风格的马克思主义方法论成果，这是他作为马克思主义伟大理论家对主观世界与客观世界进行双向改造和提升的重要贡献，这些方法论成果对于中国革命的成功产生了及时而又重要的指导作用。

（二）中国特色社会主义的科学方法论

改革开放 40 年，是中国特色社会主义道路形成、发展和不断开拓的 40 年，是不断解放思想、实事求是和锐意进取的 40 年。在这 40 年里，我们始终坚持马克思主义的指导地位不动摇，始终坚持科学社会主义的基本原则不动摇，我们勇敢推进了理论创新、实践创新、制度创新、文化创新以及各方面创新，从而赋予了中国特色社会主义以鲜明的实践特色、理论特色、民族特色和时代特色，形成了中国特色社会主义道路、理论、制度和文化，使社会主义的伟大旗帜始终在中国大地上高高飘扬。因此，从方法论的视角对中国改革及中国特色社会主义理论体系进行解读很有必要。

1. 解放思想与确立真理的实践标准体现了向马克思主义实践观点的回归

1976 年 9 月 9 日，中国共产党和中华人民共和国主要缔造者毛泽东逝世，对于中国共产党和中国人民来说，这是一件十分悲痛的事情。同时，在那个年代，举国上下还在思考一个关键的问题：在新民主主义革命和社会主义革命建设中得到确立、验证和巩固的毛泽东思想能否继续为中国的发展提供思想政治指引？而对于此时的中国共产党和中国人民来说，这个问题似乎一时很难回答。因而，从 1976 年到 1978 年党的十一届三中全会召开前的这两年里，我们在思想路线、政治路线和组织路线上实际上处在迷茫期和徘徊期。正是在这个背景下，对"两个凡是"的反思和批判以及对真理标准的讨论和确认，体现了我们党对马克思主义实践观点的回归。正如《实践是检验真理的唯一标准》一文中所指出的那样，实践标准是马克思主义认识论的一个基本原则，也是它的一个根本特征。实践不仅是检验真理的标准，而且是唯一标准。在此问题上，马克思、恩格斯、列宁、毛泽东不仅有明确的说法，而且也是光辉的榜样。按照唯物辩证法，任何理论必须无例外地、永远地、不断地接受实践的检验，这是真理发展的观点。与之相应，任何思想、理论，即使是已经在一定实践阶段上证明为真理，在其发展过程中仍然要接受新的实践的考验。马克思主义强调实践是检验真理的唯一标准，强调在实践中对于真理的认识永远没有完结，就是承认我们的认识不可能一次完成或最终完成，就是承认由于历史的、认识的和阶级的局限性，我们的认识可能犯错误，需要由实践来检验。凡是实践证明是错误的或者不合实际的东西，就应当改变，不应再坚持，这是常有的事。

马克思明确指出："人的思维是否具有客观的真理性，这不是一个理论的问题，而是一个实践的问题。人应该在实践中证明自己思维的真理性，即自己思维的现实性和力量，自己思维的此岸性。关于思维——离开实践的思维——的现实性或非现实性的争论，是一个纯粹经院哲学的问题。"[①] 毛泽东也说过："人类认识的历史告诉我们，许多理论的真理性是不完全的，经过实践的检验而纠正了它们的不完全性。许多理论是错误的，经过实践的检验而纠正其错误。"[②] 他还说过："客观现实世界的变化运动永远没有完结，人们在实践中对于真理的认识也就永远没有完结。马克思列宁主

---

① 马克思：《关于费尔巴哈的提纲》，《马克思恩格斯选集》第 1 卷，人民出版社 2012 年版，第 134 页。
② 毛泽东：《实践论》，《毛泽东选集》第 1 卷，人民出版社 1991 年版，第 293 页。

义并没有结束真理，而是在实践中不断地开辟认识真理的道路。"①这都说明，没有任何一个人可以垄断真理，任何真理都是时代的真理，真理都是历史的具体的。换言之，"究竟谁发现了真理，不依靠主观的夸张，而依靠客观的实践。只有千百万人民的革命实践，才是检验真理的尺度"②。由此开始，经过了 1978 年大半年全国性的大讨论，中国社会实现了一次普遍的思想解放，从而冲破了长期禁锢人们的思想束缚，这为党的十一届三中全会胜利召开以及将党和国家工作的重心转向经济建设奠定了坚实的思想基础。质言之，在实现历史转折的重大关头，马克思主义哲学产生了思想先导和理论指引的重大作用。

2. 深化改革与社会主义市场经济体制的建立体现了对马克思主义辩证法的时代化运用

如果说中国告别"两个凡是"、转向经济建设体现了向马克思唯物主义哲学立场的回归，那么，紧随其后的市场化改革和社会主义市场经济体制的建立其实更符合马克思所揭示的历史唯物主义基本原理，这代表了在新时期觉醒起来的中国共产党人对社会基本矛盾原理与方法的自觉认同。换言之，这是马克思主义创始人所揭示的历史辩证法在中国的时代化运用。

从思想源头上说，在马克思和恩格斯这里，辩证法从来就不是单纯的认识论和逻辑学，不是概念和语词之间的游戏，而是对现实的人的思维活动规律和社会历史发展规律的总体揭示，也是马克思和恩格斯在对整个德国古典哲学——尤其是黑格尔的思辨主义体系哲学——进行了彻底批判之后的理论成果。而恩格斯在《费尔巴哈论》中所谓的"关于现实的人及其

---

① 毛泽东：《实践论》，《毛泽东选集》第 1 卷，人民出版社 1991 年版，第 296 页。
② 毛泽东：《新民主主义论》，《毛泽东选集》第 2 卷，人民出版社 1991 年版，第 663 页。

历史发展的科学",其实就是对这一成果的明确界定。从本意上说,人的认识活动的规律和人的实践活动的规律是人的活动规律的两个不同方面,前者指向人的精神活动,后者指向人的物质活动,人的需要同时包含着精神需要和物质需要两个不可分割的方面。因而,人的生产和交往活动必然包含着对这两方面需求的预期和实现。但是,这种辩证活动离不开一个唯物主义前提,那就是:人首先必须学会生产生活,然后才能进行思维活动和精神创造。这便是恩格斯"存在决定思维"和"思维反映存在"的辩证唯物主义哲学。这种哲学对人的思维活动规律和人的生产活动规律进行了本质揭示。

1985 年,邓小平在与外宾的一次谈话中指出:"中国搞社会主义走了相当曲折的道路。二十年的历史教训告诉我们一条最重要的原则:搞社会主义一定要遵循马克思主义的辩证唯物主义和历史唯物主义,也就是毛泽东同志概括的实事求是,或者说一切从实际出发。"[①]实际上,1956 年党的八大所确定的我国社会的主要矛盾已经不再是工人阶级和资产阶级的矛盾,而是人民对于经济文化迅速发展的需要同当前经济文化不能满足人民需要的状况之间的矛盾。与此同时,我们明确宣布全国人民的主要任务就是集中力量发展社会生产力,实现国家工业化,以逐步满足人民日益增长的物质文化需要;虽然还有阶级斗争,还需要加强人民民主专政,但是,我们的根本任务已经是在新的生产关系下保护和发展生产力。基于这个总体判断,我们之后 10 年所进行的社会主义建设成就不容否定,问题就在于,我们后来偏离了这个战略方向,用政治运动代替了经济建设,从而犯了脱离实际的主观主义错误。

1987 年,党的十三大确定了建立社会主义市场经济体制的总体构想,

---

① 邓小平:《政治上发展民主,经济上实行改革》,《邓小平文选》第 3 卷,人民出版社 1993 年版,第 118 页。

这对于我们走出僵化的社会主义模式具有历史性意义。建立这一体制既确保了党的政治领导，也激活了市场对于资源配置的基础性、长远性、发展性意义，它符合马克思主义关于生产力和生产关系、经济基础和上层建筑之间相互作用的辩证法。在首要的意义上，它确保了"解放和发展生产力"这一马克思主义的根本观点，对于我们彻底走出"文革"阴影产生了积极而深远的历史影响。

三、坚持正确的方法论，全面深化改革

正如习近平总书记所说："党的十一届三中全会以后，以邓小平同志为主要代表的中国共产党人，团结带领全党全国各族人民，深刻总结我国社会主义建设正反两方面经验，借鉴世界社会主义历史经验，创立了邓小平理论，作出把党和国家工作重心转移到经济建设上来、实行改革开放的历史性决策，深刻揭示社会主义本质，确立社会主义初级阶段基本路线，明确提出走自己的路、建设中国特色社会主义，科学回答了建设中国特色社会主义的一系列基本问题，制定了到 21 世纪中叶分三步走、基本实现社会主义现代化的发展战略，成功开创了中国特色社会主义。"[1]我们认为，这是新时代中国特色社会主义事业得以顺利发展的历史基础。习近平新时代中国特色社会主义思想便是筑牢这一基础的理论产物，它把我们对共产党执政规律、社会主义建设规律和人类社会发展规律的认识和实践推到了新境界。

---

[1] 习近平：《在庆祝改革开放 40 周年大会上的讲话》，《人民日报》2018 年 12 月 19 日。

（一）新时代中国特色社会主义事业的辩证性质及其特征

与 40 年前告别政治运动转向经济建设的历史转折相比，40 年后的今天，尽管经济建设这个中心没有动摇，但是，围绕这个中心，当代中国社会发展的"不充分"和"不平衡"的问题已经日益突出。在此，"不平衡"表现为：从区域看，城乡之间发展速度的快与慢、东西部之间产业布局和基础设施的不平衡；从领域看，既有达到甚至引领世界先进水平的生产，也有大量传统的和相对落后的生产，既存在产能过剩的情况，又存在有效供给不足的问题，特别是民生、社会建设和生态文明建设领域还有不少"短板"；从成果共享看，收入分配差距较大，贫富差别比较明显，还有困难群众、弱势群体和贫困人口。"不充分"表现为：我们的发展还不是形态更高级、结构更合理、分工更明确、产品更精细、供给更有效的发展。换言之，我们还有很大的发展空间，还需要给自己提出更高的发展要求。"不平衡"和"不充分"的相互交织决定了我们依然处在社会主义初级阶段，这个阶段的实质依然是"不发达"。反过来说，尽管我们提出了以"人民对美好生活的向往"作为奋斗目标，但这更多体现的是价值引领，崇尚的是价值理性，而"不发达"实际上是事实理性。因而，与 40 年以来的中国社会始终坚持的社会主要矛盾的事实判断相比，新时代中国社会的主要矛盾更侧重于用价值理性引领事实理性，这体现了我们对在更高水平和更高阶段发展新时代中国特色社会主义事业的自觉要求。

因此，新时代中国特色社会主义事业的辩证性质主要体现为价值理性与事实理性之间的辩证关系，要协调好这种关系，我们必须看到当代中国问题的系统性、整体性和协调性。就系统性而言，它关联到经济建设、政治建设、社会建设、文化建设、生态文明建设、国家治理体系和治理能力现代化等诸多方面；就整体性而言，它涉及"五位一体"总体布局和"四个全面"战略布局；就协调性而言，它需要我们从制度层面发力，将完善和发展中国特色社会主义制度作为根本的着力点，以此协调内政和外交工作的各个方面。只有这些方面综合发力，价值理性对于事实理性的引领作用才会不断凸显，"坚持和发展中国特色社会主义"这篇大文章才会越做越好。

（二）以系统性、整体性和协同性视野推动全面深化改革的部署和落实

从大的方面来看，新时代中国特色社会主义事业要想实现更高质量发展，需要从对外和对内两个方面同时进行梳理，盘活和用好国际国内两个市场是中国 40 年实现快速发展与物质财富积累的现实基础。因此，一方面，我们似乎在打开国门主动追赶和对接西方先期创造起来的现代文明成果；另一方面，这种开放式发展又倒逼中国不得不进行诸多经济社会改革。这说明，主观的思想解放和客观的时代背景是促成 40 年经济腾飞的根本原因。如果这一点成立，那么，在新时代，我们就依然需要坚持这种内外协调发展的思路，以使全面建成社会主义现代化强国的目标变成现实。

全面深化改革意味着我们必须从对内改革和对外协调两个方面着手：一方面，随着中国越来越多的企业和生产"走出去"，中国经济对外依存度空前加大。但是，与此同时，随着世界经济不确定性的增强，贸易、安全和外交领域的风险挑战的增多，我们需要积极设置议题，主动协调各方，维护国际秩序，构建开放型经济新体制，营造和平发展的环境，这是深化和做实"一带一路"倡议、构建人类命运共同体的必备工作；另一方面，在坚持问题导向和于法有据的前提下，国内的各方面改革必须及时推进。在推动改革的过程中，既要打出一系列改革的"组合拳"，也要在国有企业改革、国家监察体制改革、司法体制改革、党的建设制度改革、科技体

制改革、农村土地制度改革、生态文明体制改革等重点领域集中攻坚。此外，改革也要处理好顶层设计和"摸着石头过河""蹄疾"和"稳步"之间的辩证关系。坚持这种方法论的目的就是使改革形成前后呼应、相互配合、整体联动的系统效应。

习近平总书记指出："马克思主义的世界观和方法论，从一定意义上可以说，就是认识发展规律、把握发展规律、运用发展规律的世界观和方法论。"[①]在马克思主义创始人那里，社会主义从空想变成了科学，促成这种转变的根本原因在于马克思和恩格斯以唯物主义眼光辩证地解说了人类历史发展的一般规律和资本主义发展的特殊规律。但是，这两大规律都是以对社会基本矛盾运动规律的认知和阐释为前提的，因而，这一规律既是世界观，也是方法论。从1921年中国共产党成立至今，我们党始终注意按照这一规律来分析中国社会的主要矛盾，解决中国发展的重大问题。在此过程中，我们或许走过一些弯路，遭遇过一些挫折，但总的来说，马克思主义这个指导思想没有丢，共产主义远大理想没有丢，将马克思主义普遍原理与中国实际相结合的方法论转化和实践论探索没有丢，这是中国共产党团结带领全国人民奋勇向前，不断创造历史伟业的思想和理论背景。

延伸阅读

1. 马克思：《1844年经济学哲学手稿》，《马克思恩格斯文集》第1卷，人民出版社2009年版。

2. 毛泽东：《星星之火，可以燎原》，《毛泽东选集》第2卷，人民出版社1991年版。

[①] 习近平：《当代中国共产党人的庄严责任》，《学习时报》2008年3月19日。

3. 习近平：《辩证唯物主义是中国共产党人的世界观和方法论》，《求是》2019 年第 1 期。

深度思考

1. 为什么说唯物辩证法是马克思主义的根本方法论？

2. 结合工作实际谈一谈科学的思想方法的重要性。

3. 习近平总书记说："学习掌握唯物辩证法的根本方法，不断增强辩证思维能力，提高驾驭复杂局面、处理复杂问题的本领。'事必有法，然后可成。'我们的事业越是向纵深发展，就越要不断增强辩证思维能力。当前，我国社会各种利益关系十分复杂，这就要求我们善于处理局部和全局、当前和长远、重点和非重点的关系，在权衡利弊中趋利避害、作出最为有利的战略抉择。"请谈一谈对这段话的理解。

◀ 第十一章

良好环境:
干事创业的社会氛围

习近平总书记在庆祝改革开放 40 周年大会上的讲话中指出："40 年来取得的成就不是天上掉下来的，更不是别人恩赐施舍的，而是全党全国各族人民用勤劳、智慧、勇气干出来的！我们用几十年时间走完了发达国家几百年走过的工业化历程。在中国人民手中，不可能成为了可能。"实现中华民族伟大复兴的伟大梦想，必须充分调动全国各地区各民族各方面的一切积极力量，要为人们干事创业营造良好的环境。

一、营造思想解放的文化氛围

人是文化的存在，文化是人的存在的标志与符号，"是一本打开了的关于人的本质力量的书"①。文化一旦产生形成，就作为一种社会历史性的存在，发挥着"化人"的功能，引导控制着人的活动及其效果。文化中的伦理道德、价值观念、社会习俗、宗教信仰等直接影响着人们的活动方式。

中国传统文化中落后、消极的思想观念及社会心理，根源于中国几千年封闭的小农经济、宗法制度、专制的官僚政治以及以血缘为纽带，以家庭为

---

① 马克思：《1844 年经济学哲学手稿》，《马克思恩格斯文集》第 1 卷，人民出版社 2009 年版，第 192 页。

本位的生活方式。尽管今天中国的经济、政治、文化、社会生活方式较之古代社会发生了根本变化，但传统文化是一股巨大的惯性力量，其消极影响在短期内是难以完全消除的。高度发达且源远流长的封建制度使这一文化积淀深厚、发展充分而影响深远，从而深深根植于我们的文化观念中。

中国传统文化重视家庭和家庭成员关系的协调，这自有它的长处。但是，中国古代的家庭始终保持以父权为中心、以嫡长子继承权为中轴的宗法制的特性，家长拥有专制的特权。封建国家就是一个放大了的家庭，君主就是放大了的独裁家长。儒家为此设计了君臣、父子、夫妻、兄弟、朋友五伦关系，后来又提出所谓"三纲"，即君为臣纲、父为子纲、夫为妻纲。于是，整个封建社会，不仅以家庭为本位，而且被严密地罩上了一张以"三纲五常"为核心、以等级观念为特色的封建伦理网络。中国传统文化中的这种家长制作风、等级观念、独裁制度，与人人平等的现代民主观念、民主制度格格不入，在一定程度上阻碍了我们民主意识、民主风气的形成。封建礼教范畴中的"三纲五常"引申出了长官为尊的"家长制"文化观念，在现实生活中给官僚主义作风的滋生和蔓延提供了观念支持。下属只能唯命是从，严重的甚至形成人身依附关系，发展成为个人崇拜，谈何解放思想？谈何革故鼎新？

知识链接

"三纲五常"和"名教观念"

"三纲五常"，来源于西汉董仲舒的《春秋繁露》一书。"三纲"即"君为臣纲""父为子纲""夫为妻纲"；"五常"即"仁、义、礼、智、信"。"三纲五常"体现了整个封建统治的各种关系，成为封建立法的指导思想，是封建统治阶级用来控制人们思想、防止人民"犯上作乱"的思想武器。"三纲"要求为臣、为子、为妻的必须绝对服从于君、父、夫，同时也要求君、父、夫为臣、子、妻作出表率。它反映了封建社会中君臣、父子、夫妻之间的一种特殊的道德关系。"五常"是用以调整、规范君臣、父子、兄弟、夫妻、朋友等人伦关系的行为准则。"名教观念"是儒家政治思想的重要组成部分，名即名分，教即教化，名教即通过上定名分来教化天下，以维护封建社会的伦理纲常、等级制度。

在世界发明史上，中华民族曾经辉煌过，如四大发明中的火药，从发明至今，仍然是军事领域的重要成员，缺少了它，现代武器将失去动力，变成一堆废铁。由指南针演化而来的现代罗盘，在没有标记的空中和海洋划出一条准确的航线，引导飞机从甲地飞到乙地，引导巨轮从大洋此岸到达彼岸，没有罗盘，现代交通是不可想象的。纸的发明，使世界各国文明传播有了更价廉、更轻便、更迅速的手段，使众多的东方和西方国家告别了昂贵、笨重的羊皮和竹简。纸已成为现代文明不可或缺的重要载体，在无纸化办公成为浪潮的今天或明天，纸仍有不可替代的作用。宋代毕昇发明的活字印刷术，使全世界告别了笨重而费时费力的雕版印刷，从而进入活字印刷时代，改变了全世界的出版印刷史，迅速便捷开始成为出版业的时代特征。翻开历史，直至元朝末年，华夏大地在科技和经济很多领域都处于世界领先地位。如在算学、天文学、农学、水利工程、造纸、印刷、编织等领域，我们都有很多令人骄傲的成就。为什么后来落伍了呢？其中一个重要的原因就在于中庸取向的价值观和厚古薄今、顺天承命的意识对创新意识的摧残。人们不敢、不愿和不能解放思想，使很多创新的萌芽或被扼杀，或被扭曲成病态。

而与此同时，欧洲在文艺复兴的人文主义思潮与启蒙主义思潮的影响下，经历了一场深刻的资产阶级革命。17、18 世纪，英国较为宽松的宗教背景，吸引了一大批为科学献身的修道士，为牛顿等科学家的科学探索与瓦特等发明家的发明创造提供了合适的气候与土壤，使英国通过工业革命一跃成为世界科学中心与产业发展中心。美国的后来居上，同样与其不断营造和优化有利于解放思想、开拓创新的良好文化氛围分不开。美国是一个移民国家，在这里，多元文化相互包容，其竞争意识、创业胆识、宽容失败的传统受到推崇，这一切为解放思想、勇于创新提供了有利的文化氛围。

坚持解放思想，突破前人的理论创新是引领人类社会进步的精神动力。一部人类社会发展史，就是新陈代谢、除旧布新、后来居上的历史。这表现为社会生产力水平、制度文明程度、文化水平和人的生活水平都在随着社会进步而提高。同时，社会的每一次进步，无一不是当时站在时代前列的思想家、政治家，适应了时代要求，代表了人民意志，冲破了旧的思想牢笼，大胆创新，提出了新的思想理论、新的政治主张、新的行动纲领，引领人民进行社会变革的结果。营造不懈奋斗、干事创业的良好环境，首先要制造解放思想的文化空气，冲破影响大胆地试、大胆地闯、创新奋斗的各种思想藩篱。

二、做好发扬民主的制度安排

习近平总书记在庆祝改革开放 40 周年大会上的讲话中指出："前进道路上，我们必须始终把人民对美好生活的向往作为我们的奋斗目标，践行党的根本宗旨，贯彻党的群众路线，尊重人民主体地位，尊重人民群众在实践活动中所表达的意愿、所创造的经验、所拥有的权利、所发挥的作用，充分激发蕴藏在人民群众中的创造伟力。我们要健全民主制度、拓宽民主渠道、丰富民主形式、完善法治保障，确保人民依法享有广泛充分、真实具体、有效管用的民主权利。我们要着力解决人民群众所需所急所盼，让人民共享经济、政治、文化、社会、生态等各方面发展成果，有更多、更直接、更实在的获得感、幸福感、安全感，不断促进人的全面发展、全体人民共同富裕。"

中国特色社会主义事业是人民的事业，必须依靠人民同心同德、不懈奋斗才能够不断推进。这就要求必须以最广大人民根本利益为我们一切工作的根本出发点和落脚点，坚持把人民拥护不拥护、赞成不赞成、高兴不高兴作为制定政策的依据，顺应民心、尊重民意、关注民情、致力民生，既通过提出并贯彻正确的理论和路线方针政策带领人民前进，又从人民实践创造和发展要求中获得前进动力，让人民共享改革开放成果，激励人民更加自觉地投身改革开放和社会主义现代化建设事业。正如邓小平所指出的："我们现在所干的事业是一项新事业，马克思没有讲过，我们的前人没有做过，其他社会主义国家也没有干过，所以，没有现成的经验可学。我们只能在干中学，在实践中摸索。"[①] 这就是说，在新的历史时期，在新的历史任务面前，我们没有现成的答案可循，没有现成的经验可学，唯一的办法就是敢闯敢试，不断地在实践中创新，在创新中实践，通过实践获得新认识、新理论，通过实践来检验认识，再通过实践进一步完善和丰富理论，最终形成真理性的认识。一个观点，一种思路，一个办法，是否正确，要由实践做结论，"拿实事来说话"，不要搞抽象争论，不要动不动就拿本本来，动不动就"想当年"。这就必须提供一个畅所欲言、自由民主的制度环境。

---

① 邓小平：《十三大的两个特点》，《邓小平文选》第 3 卷，人民出版社 1993 年版，第 258 —259 页。

改革创新、勇于创新、不懈奋斗的过程中有一个质疑权威的问题。从尊重权威到质疑权威，再到超越权威，这是一个不断发展的过程，也是实践创新不断展开的过程。实践创新总离不开对前人成果的继承，正像牛顿所说，他之所以站得比别人更高，只是因为他站在巨人肩上。因此，进行实践创新首先要尊重前人的创造。然而，实践创新不只是对前人的成果加以肯定就完成了，还包含着对前人成果继承的基础上另辟蹊径，后者往往具有更重要的意义。所以，实践创新离不开在尊重权威基础上质疑权威，唯有如此才能够超越权威。例如，爱因斯坦的相对论的创立就是在质疑牛顿的绝对时空观的基础上完成的，从而给科学的发展带来了划时代的进步。试想，如果爱因斯坦不敢质疑权威，那么他的相对论理论从何而来，他又怎么能够实现对权威的超越呢？由此可见，实践创新需要科学精神、怀疑精神和批判精神，正是在批判性继承中的强烈的思想撞击中，实践创新才得以实现。而批判精神的弘扬是以一个自由民主的制度环境为条件的。

如果没有这么一个宽松的制度环境，那么谁还敢于批判、能够批判、愿意批判？实践创新何以发生？在我们的文化传统中，由于儒家文化的影响和封建等级观念的影响，在学术师承上，往往总是恪守"亲亲、尊尊、长长"的伦理原则，缺少批判性的继承。中国近代科学技术落后的原因固然包含着多重的政治、经济、文化和社会因素，但其中严酷的封建专制制度对自由的压制，也是影响创新的最为突出的因素。明清时期，高度集权的封建专制对知识分子的思想钳制空前强化，各种严刑苛法压制着任何思想火花。在清代，不仅屡兴文字狱，学校"卧碑"上的训词规定："军民一切利病，不许生员上书陈言；如有一言建白，以违制论，黜革治罪"。这种专制制度对自由的扼杀压制着任何创新的欲望，结果就导致了实践创新缺失。因此，只有在自由民主的制度环境中，实践创新才能够竞相迸发，正如爱因斯坦所说："只有在自由的社会中，人才能有所发明，并且创造出文化价值"[①]。

回顾中国特色社会主义事业的伟大历程，这本身就是一个不断发扬民主、创新实践的过程。1978 年 11 月 10 日，我们党召开了中央工作会议，为召开党的十一届三中全会做了充分准备，《解放思想，实事求是，团结一致向前看》是邓小平在 1978 年 12 月 13 日的中共中央工作会议闭幕会上的讲话。邓小平的这个讲话实际上就是党的十一届三中全会的主题报告，它是在中国面临向何处去的重大历史关头，冲破"两个凡是"的禁锢，开辟新时期新道路，开创中国特色社会主义的宣言书，标志党的思想路线的重新确立，由此掀开了当代中国解放思想的新篇章。

人们敢于创新，勇于奋斗，就必须从思想上突破各种藩篱，从制度上为发扬民主提供保障。正如邓小平所指出的："民主是解放思想的重要条件。""解放思想，开动脑筋，一个十分重要的条件就是要真正实行无产阶级的民主集中制。我们需要集中统一的领导，但是必须有充分的民主，才能做到正确的集中。"[②]这主要是针对当时我们党内缺乏民主条件，政治生活不正常，思想不解放，处于僵化或半僵化状态而提出来的。邓小平指出，当前这个时期"特别需要强调民主"，要切实保障工人农民个人的民主权利，包括民主选举、民主管理和民主监督。这里的"民主"，既包括民主手段、民主方法和民主作风，也包括民主制度和民主的法律化；既包括政治民主，也包括经济民主；既包括人民民主，也包括党内民主。发展民主就能为继续解放思想创造生机与活力，推动社会多元化的、包容的、进步的环境氛围，让社会中的各种思想在交流、交融、包容中发展，使人的思想更加解放。如果不发展民主，就没有解放思想，或者说就没有真正地解

---

① 阿尔伯特·爱因斯坦：《文明和科学》，《爱因斯坦文集》第 3 卷，商务印书馆 1979 年版，第 118 — 119 页。

② 邓小平：《解放思想，实事求是，团结一致向前看》，《邓小平文选》第 2 卷，人民出版社 1994 年版，第 144 页。

放思想，只能是"叶公好龙"的解放思想。

为创造发扬民主的条件，邓小平提出："要重申'三不主义'：不抓辫子，不扣帽子，不打棍子。在党内和人民内部的政治生活中，只能采取民主手段，不能采取压制、打击的手段。宪法和党章规定的公民权利、党员权利、党委委员的权利，必须坚决保障，任何人不得侵犯"①，"对于思想问题，无论如何不能用压服的办法，要真正实行'双百'方针。一听到群众有一点议论，尤其是尖锐一点的议论，就要追查所谓'政治背景'、所谓'政治谣言'，就要立案，进行打击压制，这种恶劣作风必须坚决制止"②。

针对当时百废待兴的局面，着重强调了发扬经济民主的问题。邓小平指出："现在我国的经济管理体制权力过于集中，应该有计划地大胆下放，否则不利于充分发挥国家、地方、企业和劳动者个人四个方面的积极性，也不利于实行现代化的经济管理和提高劳动生产率。"③他特别强调："当前最迫切的是扩大厂矿企业和生产队的自主权，使每一个工厂和生产队能够千方百计地发挥主动创造精神。"④他还从历史唯物主义的高度充分肯定了人们追求自身正当利益的合理性："为国家创造财富多，个人的收入就应该多一些，集体福利就应该搞得好一些。不讲多劳多得，不重视物质利益，对少数先进分子可以，对广大群众不行，一段时间可以，长期不行。革命精神是非常宝贵的，没有革命精神就没有革命行动。但是，革命是在物质利益的基础上产生的，如果只讲牺牲精神，不讲物质利益，那就是唯心论"⑤。

在具体的体制保障上，邓小平指出："为了保障人民民主，必须加强法制。必须使民主制度化、法律化，使这种制度和法律不因领导人的改变而改

---

① 邓小平：《解放思想，实事求是，团结一致向前看》，《邓小平文选》第 2 卷，人民出版社 1994 年版，第 144 页。
②③邓小平：《解放思想，实事求是，团结一致向前看》，《邓小平文选》第 2 卷，人民出版社 1994 年版，第 145 页。
④⑤邓小平：《解放思想，实事求是，团结一致向前看》，《邓小平文选》第 2 卷，人民出版社 1994 年版，第 146 页。

变，不因领导人的看法和注意力的改变而改变。现在的问题是法律很不完备，很多法律还没有制定出来。往往把领导人说的话当做'法'，不赞成领导人说的话就叫做'违法'，领导人的话改变了，'法'也就跟着改变。"[1]

人民参与政治的积极性不断提高是大势所趋。中国特色社会主义是全中国人民的事业和旗帜，我们要把全体中国人民集聚在这面旗帜下，就要充分尊重人的意愿，充分发展民主，充分满足和发展人民民主政治的积极性。所以，当前解放思想的一项重要任务，就是认识到这个大势，顺应、引导这个大势，而不是被动地尾随这个大势，就是要畅通民主渠道，丰富民主形式，健全民主制度，让群众的首创精神和民主意识得以迸发。

进行发扬民主的制度安排，其目的就是为解放和发展社会生产力、增强社会活力、永葆党和国家生机活力提供有力保证。为保持社会大局稳定、保证人民安居乐业、保障国家安全提供有力保证，为放手让一切劳动、知识、技术、管理、资本等要素的活力竞相迸发，让一切创造社会财富的源泉充分涌流，建立充满活力的体制机制。

三、完善激发活力的动力机制

推动不懈奋斗、干事创业、创新实践，必须发挥人们的主观能动性，调动人们的积极性，激发人们的创造热情，这就离不开激励机制。要使主体的主观能动性充分发挥出来，就必须有物质和精神等方面的激励，这就要形成相应的激励机制——制度的一个重要部分。制度是人和组织用来适

---

[1] 邓小平：《解放思想，实事求是，团结一致向前看》，《邓小平文选》第 2 卷，人民出版社 1994 年版，第 146 页。

应环境的"软件"。它通过理性预期向人们提供激励：应该做什么、怎么做以及这么做的预期收益（正向激励）；不要做什么以及这么做的成本（负向激励）。

实践创新具有探索性、创造性。实践创新要获得成功，既要有对未知事物自发的好奇心，更要有对实践创新的强烈需求。而不同的制度环境对实践创新的需求是不一样的。就以技术实践创新为例，在计划体制的制度安排下，所有的创新都必须经过上级领导的批准。某人在发现创新的机会后，必须说服他的同事和上级接受他的想法。试图进行创新的个人会发现：如果创新取得成功，创新者将与其上级和同事共同分享创新收益，而一旦创新失败，上级就会怪罪创新者，全部的责任将由创新者承担。在计划体制中，无论是工厂还是技术管理部门都缺乏足够的持久的创新动力。

因此，制定对实践创新的激励制度，主要就是建立创新成果与创新者所得之间的确切联系。例如，通过改革工资制度和完善人力资源市场，使得技术创新劳动者通过按劳分配的方式得到回报。技术创新劳动者以人力资本的形式获得收入分配，这实际上是按劳分配的一种实现方式。一方面，科技工作者以高级人才身份进入劳动市场；另一方面，在允许的范围内可以从事兼职工作，充分发挥自己的创新才能，拓宽收入渠道。有些技术创新劳动者的创新成果由于特殊原因不能和市场挂钩，但是对于国家和社会来说又是必需的，如军事科学家的军事技术创新成果，不能市场化的基础性技术创新成果等。这些科技工作者的劳动也应该得到尊重和承认，他们的劳动对社会的贡献也应该得到回报，对于这些人，可以采用基金分配方式。国家和单位可以设立专项基金，一方面对这些科研活动进行资助，划拨科研经费，另一方面对取得技术成果的科研人员进行奖励。这种分配方式更关注的是国家的整体利益和长远利益，它具有维护国家安全、保护民族利益、增强民族持久创新能力的社会功能。

完善不懈奋斗、干事创业的激励机制，需要为发现人才、用好人才提供一个"不拘一格降人才"的选人用人环境，营造一个"天高任鸟飞"的干事环境，创造一个打破平均主义、论资排辈的动力机制，建立按贡献分配、论功行赏的制度安排。

例如，坚持党管干部原则，深化干部人事制度改革，构建有效管用、简便易行的选人用人机制。改革和完善干部考核评价制度，改进竞争性选拔干部办法，改进优秀年轻干部培养选拔机制；区分实施选任制和委任制干部选拔方式，坚决纠正唯票取人、唯分取人等现象；用好各年龄段干部，真正把信念坚定、为民服务、勤政务实、敢于担当、清正廉洁的好干部选拔出来，使各方面优秀干部不断涌现。

再如，打破体制壁垒，扫除身份障碍，完善党政机关、企事业单位、社会各方面人才顺畅流动的制度体系。健全人才向基层流动、向艰苦地区和岗位流动、在一线创业的激励机制，让人人都有成长成才、脱颖而出的通道，让各类人才都有施展才华的广阔天地；建立集聚人才体制机制，择天下英才而用之。

总之，科学合理的激励制度既可以通过增强个人对创新成功的渴望而提高创新努力，也可以通过最大限度地满足个人需要而刺激个人的创新努力。全面深化改革的总目标是完善和发展中国特色社会主义制度，推进国家治理体系和治理能力现代化。必须更加注重改革的系统性、整体性、协同性，加快发展社会主义市场经济、民主政治、先进文化、和谐社会、生态文明，让一切劳动、知识、技术、管理、资本的活力竞相迸发，让一切创造社会财富的源泉充分涌流，让发展成果更多更公平惠及全体人民。

四、创造宽容失败的创新环境

解放思想、勇于创新、干事创业，就意味着突破旧的观念、认识和理论，必然面临着一定的风险，这是由实践创新的不确定性所决定的。未来的不确定性有两种结果：一种是有利于实践创新者的结果；另一种是不利于实践创新者的结果，不利的结果就是风险。一般来讲，不确定性程度越大，其风险越大。总体来讲，大胆创新、革故鼎新者主要面临三个方面的风险：理论风险、政治风险和经济风险。

理论创新者所面临的对象是非常复杂的，而且也是无限发展的，而主体的认识能力却是有限的。面对一个未知世界，他们在解放思想、理论创新上获得真理的失败率是较高的，甚至很可能会得出一个错误的结论，所以理论创新是风险性很高的活动。同时，理论创新意味着要突破旧的认识，而旧的认识已经深入人们的头脑，对旧的认识提出挑战很可能会遭到人们的激烈反对，也要面临着理论风险。例如，著名物理学家路德维希·玻尔兹曼终身坚持和论证原子的存在，并用原子学说来解释世界，然而他在当时却遭到了激烈的攻击，承受巨大的精神压力和心理折磨，最后竟被由此引起的抑郁症夺去了宝贵的生命。

一般来说，技术创新实践和经营管理创新实践面临较大的经济风险。技术创新实践的风险主要来自两个方面：一是创新实践面临着失败的风险，即有可能投入了很多的人力、物力，但是最后没有得到预期的技术成果；二是创新实践实现方面的风险，即由于市场、社会和经济的不确定性，可能使创新实践的投入难以得到回报。技术创新实践中各种未知因素往往难以预测，其努力的结果普遍呈随机现象，再加上未来市场的不确定性，给创新实践带来了极大的风险。在科学技术飞速发展的今天，由于管理实践总是在特定的环境中进行的，管理实践的内部、外部环境都有某种不确定性，也增加了管理实践的难度，创新管理实践就更难，所以风险性自然就提高了。而且，由于管理创新实践不可能像技术创新实践一样借助于一定的实验条件重复进行，这无疑更是增加了管理创新实践的风险性。

政治风险是最严重的风险，有可能会因此而付出生命代价。一般来讲，思想解放者都要面临一定的政治风险。例如，在中国农村改革史上具有里程碑意义的安徽省凤阳县小岗村分田到户的大胆探索，可谓是一个伟大创举，是一次伟大的思想解放，但是它本身所带来的政治风险是非常巨大的，大家都是非常清楚的。于是他们订立了"分田密约"，要大家共同承担因此产生的政治风险，幸好这次创举的结局是好的。但是历史上许多坚持解放思想的人就没有这么好的运气了，例如：商鞅废除井田制，按军功授爵，奖励耕织，奠定了秦国中央集权制和统一中国的基础，最后却被五马分尸；王安石实施青苗、均徭、农田水利、保甲、雇役等多项改革，使得国库转亏为盈，摆脱财政危机，最后却遭到贬职，在孤独中郁郁而终；赵武灵王为了军事改革，推行胡服骑射，却被反对派包围，活活饿死；"百日维新"的"戊戌六君子"也付出了生命的代价。

鼓励人们解放思想，敢于冒险，勇于创新，需要营造一个允许失败、宽容失败的社会环境。创新不是口号，而是一种实践、尝试、探索，因而凡是创新就难免会有失败。要使创新成为一种精神、一种品质、一种风尚，成为鲜明的时代特征，就要宽容失败、正视失败。只许成功，不许失败，只是主观愿望，不是客观事实，只会自缚手脚，碌碌无为。

只有勇于实践，才能开拓创新，不断前进。例如，把马克思主义普遍原理与中国的具体实际结合起来，建设中国特色社会主义，是一个全新的选择、全新的探索、全新的历史创造。为了实现社会主义建设道路的创新，邓小平把"大胆地闯""大胆地试"作为战略任务提了出来。他极力倡导人们要"肯动脑筋、肯想问题"，成为"勇于思考、勇于探索、勇于创新的闯将"①。创新就意味着开辟新的领域，说前人没说过的话，做前人没做过的事，也意味着胜利与失败并存。因此，创新不仅需要巨大的勇气，还需要不怕失败的精神。邓小平指出："要克服一个怕字，要有勇气。什么事情总要有人试第一个，才能开拓新路。试第一个就要准备失败，失败也不要紧。"②"没有一点闯的精神，没有一点'冒'的精神，没有一股气呀、劲呀，就走不出一条好路，走不出一条新路，就干不出新的事业。"③这就需要给人们一个宽松的环境，鼓励敢第一个吃螃蟹的人。

知 识 链 接

第一个"吃螃蟹"的人——年广九

年广九是安徽省芜湖市的个体户，早先以贩水果为生，日子过得极其艰难。改革开放后，他是敢于第一个"吃螃蟹"的人，开始做炒瓜子生意。1981年至1984年，他的雇工由3人迅速发展到103人，瓜子产量由不足100万斤猛增到3000万斤，纳税达400多万元。但好景不长，1989年9月25日，他却被以贪污、挪用公款罪逮捕入狱。就在他吃尽苦头之际，邓小平对此指出："农村改革初期，安徽出了个'傻子瓜子'问题，当时许多人不舒服，说他赚了一百万，主张动他。我说不能动，一动人们就会说政策变了，得不偿失。"年广九被释放后，东山再起，他一口气开了96家分店，雇了200多人炒

---

① 邓小平：《解放思想，实事求是，团结一致向前看》，《邓小平文选》第2卷，人民出版社1994年版，第143页。
② 邓小平：《视察上海时的谈话》，《邓小平文选》第3卷，人民出版社1993年版，第367页。
③ 邓小平：《在武昌、深圳、珠海、上海等地的谈话要点》，《邓小平文选》第3卷，人民出版社1993年版，第372页。

瓜子，500 多人卖瓜子，1997 年销售收入达 3 亿元。

马克思、恩格斯指出："历史的活动和思想就是'群众'的思想和活动。"① "历史活动是群众的活动，随着历史活动的深入，必将是群众队伍的扩大。"② 邓小平在谈到农村改革的时候说："农村搞家庭联产承包，这个发明权是农民的。农村改革中的好多东西，都是基层创造出来，我们把它拿来加工提高作为全国的指导。"③ 他又说："农村改革中，我们完全没有预料到的最大的收获，就是乡镇企业发展起来了，突然冒出搞多种行业，搞商品经济，搞各种小型企业，异军突起。这不是我们中央的功绩。……如果说在这个问题上中央有点功绩的话，就是中央制定的搞活政策是对头的。"④ 我们要自觉地从人民群众中吸收营养而使自己的思想永远富有活力。

激发人们干事创业的热情、创新创造的活力、不懈奋斗开拓进取的力量，这就需要营造一个鼓励创新、宽容失败的社会环境、文化氛围和体制机制，让广大人民群众的创新发展要素充分涌流。

延伸阅读

1. 毛泽东：《愚公移山》，《毛泽东选集》第 3 卷，人民出版社 1991 年版。

---

① 马克思、恩格斯：《神圣家族，或对批判的批判所做的批判》，《马克思恩格斯文集》第 1 卷，人民出版社 2009 年版，第 286 页。
② 马克思、恩格斯：《神圣家族，或对批判的批判所做的批判》，《马克思恩格斯文集》第 1 卷，人民出版社 2009 年版，第 287 页。
③ 邓小平：《在武昌、深圳、珠海、上海等地的谈话要点》，《邓小平文选》第 3 卷，人民出版社 1993 年版，第 382 页。
④ 邓小平：《改革的步子要加快》，《邓小平文选》第 3 卷，人民出版社 1993 年版，第 238 页。

2.邓小平：《解放思想，实事求是，团结一致向前看》，《邓小平文选》第2卷，人民出版社1994年版。

3.习近平：《在全国政协新年茶话会上的讲话》，《人民日报》2018年12月30日。

深度思考

1.为什么说干事创业、不懈奋斗需要营造良好的环境？

2.结合自己的工作实际，谈一谈影响勇于创新、不懈奋斗的突出因素有哪些。

3.邓小平说："组织制度、工作制度方面的问题更重要。这些方面的制度好可以使坏人无法任意横行，制度不好可以使好人无法充分做好事，甚至会走向反面。"请谈一谈对这段话的理解。

第十二章

党的领导：
团结奋斗的组织保证

党的十九大报告明确指出："中国特色社会主义最本质的特征是中国共产党领导，中国特色社会主义制度的最大优势是中国共产党领导，党是最高政治领导力量。""伟大的事业必须有坚强的党来领导。只要我们党把自身建设好、建设强，确保党始终同人民想在一起、干在一起，就一定能够引领承载着中国人民伟大梦想的航船破浪前进，胜利驶向光辉的彼岸！"中国共产党领导伟大事业是历史的选择、人民的选择。要顺利地推进社会主义现代化建设的伟大事业和实现中华民族伟大复兴的中国梦，中国共产党必须首先加强自身建设、进行自我革命。

一、坚强领导是党引领伟大事业的成功经验

党政军民学，东西南北中，党是领导一切的。"在中国这样一个大国，没有共产党的领导，必然四分五裂，一事无成。"[①] 历史证明，没有坚强的党的领导，就没有中国革命的成功、中国的社会主义建设事业的顺利开展和改革开放事业的推进。

[①] 邓小平：《贯彻调整方针，保证安定团结》，《邓小平文选》第 2 卷，人民出版社 1994 年版，第 358 页。

（一）党的坚强领导是革命和建设事业的成功的保证

没有坚强的党领导，就没有中国革命和建设事业的成功。中国共产党是中国工人阶级的先锋队，是中国人民和中华民族的先锋队，是中国特色社会主义事业的领导核心。中国共产党一成立，就积极投身于工人运动，并在斗争中积极地学习和运用马克思主义的观点和方法，以此来观察和分析中国的实际问题。

中国共产党成立之初，力量比较弱小，各项制度也不健全。在早期的运动过程中，我们党也出现过偏差和错误，为此，党付出了沉重的代价。从大革命失败到抗日战争全面爆发前夕，是中国共产党在极端困难的条件下坚持斗争并达到政治上成熟的重要时期。在这个时期，中国共产党经历了两次失败：一是大革命的失败，二是第五次反"围剿"的失败。这两次失败使党组织遭受极大的打击，一些不坚定分子灰心丧气，甚至向反动势力屈服。但是，中国共产党党内的一些优秀分子，以坚强的毅力和坚定的意志不懈奋斗，沉着应对，攻坚克难，开创了斗争的新局面。

抗日战争全面爆发后，面对敌人的疯狂进攻，当时流行两种错误的观点，一种是"亡国论"，另一种是"速胜论"。为了反驳这两种错误的观点，毛泽东写了《论持久战》，指出战争是持久的，但最后的胜利属于中国。中国共产党开创的敌后游击战争，是世界上罕见的艰苦战争。但是，中国共产党经过艰苦卓绝的斗争，抗日游击战争迅速发展，有效地牵制了敌人，为抗日战争从战略防御到战略反攻做出了极大的贡献。

1949 年，中华人民共和国成立，中国共产党成为执政党。为了应对复杂多变的政治局面，党一以贯之地重视自身建设。1950 年，针对当时党内滋生的骄傲自满情绪和官僚主义、命令主义作风，党中央予以高度重视，在全党进行了一次整风学习，使党继续保持了艰苦奋斗的作风，维护了党内团结。1956 年底，"三大改造"完成，中国进入了社会主义现代化建设时期。

知识链接

"三大改造"

"三大改造"，即中华人民共和国成立后，由中国共产党领导的对农业、手工业和资本主义工商业的社会主义改造。1953 年春天，全国土地改革基本完成，1953 年 12 月，毛泽东指出："从中华人民共和国成立，到社会主义改造基本完成，这是一个过渡时期。党在这个过渡时期的总路线和总任务，是要在一个相当长的时期内，逐步实现国家的社会主义工业化，并逐步实现国家对农业、对手工业和对资本主义工商业的社会主义改造。这条总路线是照耀我们各项工作的灯塔，各项工作离开它，就要犯右倾或'左'倾的错误。"对农业、手工业和资本主义工商业的社会主义改造，到 1956 年已经基本上完成，社会主义的基本经济制度在中国全面地建立起来，这是中国进入社会主义社会的最主要的标志。

中国共产党领导中国人民进行了长期的探索和努力，虽然也有失败的教训，但是我党以坚强的毅力和团结奋斗的精神，攻坚克难，最终迎来了改革开放的新时期。事实证明，没有中国共产党的领导，就没有新民主主义革命的胜利和社会主义革命的胜利。中国共产党的领导是革命和建设事业成功的关键，中国共产党的坚强领导是人民的选择和历史的选择。

（二）党的坚强领导是改革开放事业成败的关键

1978 年党的十一届三中全会的召开，标志着我国进入了改革开放的历史时期。改革开放事业是异常艰辛复杂的事业，如何进行改革开放，如何坚持正确的社会主义建设道路，是摆在中国共产党和中国人民面前的一道历史难题。在这重要的历史关头，中国共产党力挽狂澜、乘风破浪，开启了改革开放的新征程。40 年的改革开放历程，其实就是中国共产党领导人民解放思想、开拓进取、不懈奋斗的历史。

从思想层面来看，改革就是要破旧立新、摆脱传统观念和主观偏见的束缚，以新观念、新思想、新方法来解决党和国家前进中的问题。要进行改革开放，就必须先解放思想。只有解放了思想，才能放开手脚，自由活动。解放思想是改革开放的前提，当代中国的改革开放是从思想解放起步的。1978 年党的十一届三中全会以前，我们国家发展面临的最主要的问题其实是思想禁锢问题。主要体现在以下三个方面：

一是怎么完整准确地理解和掌握毛泽东思想的问题。1977 年 5 月，邓小平明确指出："'两个凡是'不符合马克思主义"，他认为不能片面地靠个别词句来理解毛泽东思想，要完整准确地掌握和运用毛泽东思想来指导我们的工作。

二是关于检验真理标准的问题。邓小平等老一辈无产阶级革命家支持真理标准大讨论，并在不同的场合强调要坚持实事求是的原则。他指出："一定要肃清林彪、'四人帮'的流毒，拨乱反正，打破精神枷锁，使我们的思想来个大解放。"[①] 他认为如果不解放干部和群众的思想，思想僵化，四个现代化就没有希望，四个现代化建设需要党的集中统一领导。

---

① 邓小平：《在全军政治工作会议上的讲话》，《邓小平文选》第 2 卷，人民出版社 1994 年版，第 119 页。

三是对社会主义本质的认识问题。长期以来，我们党由于受苏联社会主义的影响和主观偏见的束缚，在很长一段时间内，对于什么是社会主义这个问题没有搞清楚。要建设社会主义，必须先搞清楚什么是社会主义。对社会主义本质的认识过程，其实就是解放思想的过程，就是打破原有的教条的、僵化的认识路线，坚持科学的思维方法重新确立正确的认识路线的过程。

可以说，一部改革开放史，就是中国共产党领导人民进行思想解放的历史。只有解决了思想认识问题，改革开放事业才能沿着正确的方向前行。中国的改革开放事业之所以能够不断地向前推进，最主要的原因是中国共产党的集中统一领导，党的领导是改革开放事业成功的关键。

二、团结奋斗、实现梦想离不开党的坚强领导

中国共产党自成立之日起，就肩负起了实现中华民族伟大复兴中国梦的历史使命，但伟大的梦想不是等来的、喊来的，而是拼搏出来的、干出来的。怎么拼搏、怎么干是摆在中国人民面前的一道难题。要解决这道难题，只有依靠党的坚强领导，党始终同人民群众站在一起、想在一起、干在一起，为实现民族复兴的伟大梦想指明奋斗的方向、凝聚力量。

（一）坚强领导核心为实现中国梦指明了前进的方向

习近平总书记在庆祝改革开放 40 周年大会上的讲话中指出："建立中国共产党、成立中华人民共和国、推进改革开放和中国特色社会主义事业，是五四运动以来我国发生的三大历史性事件，是近代以来实现中华民族伟

大复兴的三大里程碑。"①这三大历史事件并非独立的事件，而是有内在联系的。其中，中华人民共和国的成立与改革开放事业和中国特色社会主义事业的推进都离不开中国共产党的正确领导。历史和事实证明，没有共产党，就没有新中国。没有党的集中统一领导，就没有改革开放和中国特色社会主义事业的推进。

1840年，鸦片战争爆发，外国列强开始对中国发动侵略战争，中国人民陷入水深火热之中，中华民族面临着空前严重的民族危机，国内的封建主义为了自保，同帝国主义侵略者相互勾结，成为帝国主义侵略中国的帮凶和统治中国的工具，中国逐渐沦为半殖民地半封建社会。因此，为了改变中国的境遇和命运，挽救中华民族于危难之中，实现国家独立、人民解放和民族复兴，无数爱国仁人志士企图救亡图存，开始了追梦之旅，但这些斗争大多都以失败告终。这些斗争失败的共同点是都没有科学的理论作指导，也没有一个坚强的领导核心来引领。

1921年，中国共产党第一次全国代表大会召开，这为中国人民指明了奋斗目标和前进的方向。"从此，中国人民谋求民族独立、人民解放和国家富强、人民幸福的斗争就有了主心骨，中国人民就从精神上由被动转为主动。"中国共产党的成立，给灾难深重的中国人民带来了光明和希望。

从中国共产党的成立到遵义会议召开前，中国革命取得了两次胜利，但也经历了两次严重失败。究其原因，主要是因为在此期间领导换届频繁，没有形成坚定、有力的领导核心。1935年1月召开的遵义会议，在事实上确立了以毛泽东同志为核心的党中央的正确领导。遵义会议后，在毛泽东的指挥下，根据实际情况的变化，灵活地改变作战方向，红军赢得了主动，取得了战略战役中具有决定性的胜利。1939年10月，毛泽东在《〈共产党

---

① 习近平：《在庆祝改革开放40周年大会上的讲话》，《人民日报》2018年12月19日。

人〉发刊词》一文中指出："十八年的经验，已使我们懂得：统一战线，武装斗争，党的建设，是中国共产党在中国革命中战胜敌人的三个法宝，三个主要的法宝。"其中，党的领导具有决定性的作用。没有坚强领导核心的统一领导和指挥战斗，武装斗争和统一战线这两大法宝的功能就不可能得到充分的发挥，最终也就不可能取得新民主主义革命的胜利。

新中国成立后，中国人民在以毛泽东同志为主要代表的中国共产党人的领导下，历经多重考验，不懈奋斗，坚持走自己的社会主义建设道路。

20世纪70年代，我国的经济实力、科技实力与西方发达国家差距拉大，面临着巨大的国际竞争压力。以邓小平同志为主要代表的中国共产党人审时度势、抓住时机，开启了改革开放的伟大征程，为实现民族复兴指明了方向。以江泽民同志为主要代表的中国共产党人，确立了社会主义市场经济体制的改革目标和基本框架，开创全面改革开放新局面，成功把中国特色社会主义推向21世纪。以胡锦涛同志为主要代表的中国共产党人，强调坚持以人为本、全面协调可持续发展，推进党的执政能力建设和先进性建设，成功在新的历史起点上坚持和发展了中国特色社会主义。

党的十八大以来，以习近平同志为核心的党中央带领全党全军全国各族人民开创了中国特色社会主义伟大事业和党的建设新的伟大工程新局面，在改革发展稳定、内政外交国防、治党治国治军等方面取得了一系列具有重大现实意义和深远历史意义的成就，实现了党和国家事业的继往开来。党的十八届六中全会正式提出"以习近平同志为核心的党中央"，这是全党全军全国各族人民的共同心愿，是党和国家根本利益的所在，是坚持和加强党的领导的根本保证，是进行具有许多新的历史特点的伟大斗争、推进伟大事业、实现伟大梦想的迫切需要。

历史有力证明：事在四方，要在中央。一个有着非凡政治智慧、顽强意志品质、深厚人民情怀、强烈责任担当的领导核心，才能带领中国号巨轮劈波斩浪、勇往直前。

（二）坚强领导核心是凝聚中国力量的关键

实现中华民族伟大复兴的中国梦，需要凝聚全国各族人民的力量，不懈奋斗、迎难而上。党中央有核心、有权威，才能凝聚全党和全国各族人民的力量，形成无坚不摧的磅礴力量，向着伟大梦想不断前进。

对于核心的重要性，马克思主义经典作家在不同视角都有论述。马克思在谈及协作劳动时说，一个单独的提琴手是自己指挥自己，一个乐队就需要一个乐队指挥。从党的建设视角看，这个"乐队指挥"实际上就是党的领导核心。恩格斯也强调权威的重要性，他在《论权威》一文中总结巴黎公社失败的原因时指出："要是巴黎公社面对资产者没有运用武装人民这个权威，它能支持哪怕一天吗？反过来说，难道我们没有理由责备公社把这个权威用得太少了吗？"[①]列宁进一步把权威的作用提高到事关革命事业成败的高度。列宁在讲到工人阶级应该组织起来运动时说，在历史上，任何一个阶级，如果不推举出自己善于组织运动和领导运动的政治领袖和先进代表，就不可能取得统治地位。从以上可以看出，马克思主义经典作家虽然没有明确提出"领导核心"这个词，但却在相关论述中对"权威""领袖""先进代表""优秀分子"等与领导核心相关的概念进行过论述，认为无论是把工人阶级组织起来进行生产劳动还是进行阶级斗争，都需要一个核心、一个权威。中国的革命和建设事业的发展也表明，党的领导是中国革命和建设取得胜利的根本保证，只有坚持党的领导核心地位，党和人民的事业才会顺利开展，反之亦然。

进入新时代，中国的历史方位发生转变，我党面临着更为复杂的执政

---

① 恩格斯：《论权威》，《马克思恩格斯文集》第 3 卷，人民出版社 2009 年版，第 338 页。

环境，时刻面临着"四种危险""四大考验"，这更需要正确、坚定、强有力的领导核心来凝神聚气、团结人民、破浪前进，克服各种困难、迎接各种挑战、应对各种难题，进行伟大斗争、建设伟大工程、推进伟大事业、实现伟大梦想。

知识链接

"四大考验"和"四种危险"

"四大考验"指的是执政考验、改革开放考验、市场经济考验、外部环境考验。"四大考验"是长期的、复杂的、严峻的。"四种危险"指的是精神懈怠危险、能力不足危险、脱离群众危险、消极腐败危险。"四种危险"更加尖锐地摆在全党面前，落实党要管党、从严治党的任务比以往任何时候都更为繁重、更为紧迫。"四大考验""四种危险"的深刻论述，切中时弊、发人深省，显示出中央对形势有着清醒的认识和准确的判断。

坚决维护习近平总书记党中央的核心、全党的核心地位，坚决维护党中央权威和集中统一领导，才能凝聚全党8900多万名党员的智慧和力量、凝聚起近14亿中国人民的智慧和力量，让全中国人民能够"心往一处想、劲往一处使"，形成磅礴之气，众志成城，艰苦奋斗，为实现中国梦凝神聚气，贡献中国力量。

（三）坚强领导核心为实现中国梦绘制了路线图

梦想源于现实，又高于现实。中国梦的实现是一个极为紧迫、复杂、艰巨而又漫长的历史过程，不是轻轻松松、敲锣打鼓就能实现的，需要坚强领导核心带领全国各族人民经过长期的艰苦奋斗才能实现。艰苦奋斗是实现梦想的一个基本要求，艰苦奋斗不只是埋头苦干，我们不能选择自己所处的历史条件，但是我们能选择自己办事情的步骤和方式。我们不仅要敢干、实干，更要会干、巧干。实现中华民族伟大复兴的中国梦，需要我们分阶段、分步骤地去实现，需要一代又一代人的接续奋斗来实现。接续奋斗需要步步为营、稳扎稳打地按照路线图进行。

中国共产党无论是领导中国革命还是领导建设，都会首先提出具体的设想、勾画出具体的路线图，然后按照一定的路线和方向艰苦奋斗、砥砺前行。

1940年，毛泽东在《新民主主义论》中对"中国向何处去"的问题作出了明确的回答："我们要建立一个新中国。"对于如何发展到社会主义，建设新中国，毛泽东指出："中国革命不能不做两步走，第一步是新民主主义，第二步才是社会主义。而且第一步的时间相当地长，决不是一朝一夕所能成就的。"[1]

1964年12月，周恩来在全国人大三届一次会议的《政府工作报告》中明确提出分"两步走"实现四个现代化的目标。周恩来比较完整地阐释了中国社会主义建设"两步走"的发展战略，即从第三个五年计划开始，我国国民经济的发展，可以按两步来设想：第一步，用15年时间，即在1980年以前，建成一个独立的比较完整的工业体系和国民经济体系；第二步，在20世纪内，全面实现农业、工业、国防和科学技术的现代化，使我国国民经济走在世界前列。

---

[1] 毛泽东：《新民主主义论》，《毛泽东选集》第2卷，人民出版社1991年版，第683—684页。

（知）（识）（链）（接）

"四个现代化"

"四个现代化"即工业现代化、农业现代化、国防现代化、科学技术现代化。1954年召开的第一届全国人民代表大会，第一次明确提出要实现工业、农业、交通运输业和国防的"四个现代化"的任务。1956年又一次把这一任务列入党的八大所通过的党章中。1964年12月21日，周恩来在第三届全国人民代表大会第一次会议上宣布，调整国民经济的任务已经基本完成。他代表中共中央提出，"在不太长的历史时期内，把我国建设成为一个具有现代农业、现代工业、现代国防和现代科学技术的社会主义强国"。

1987年，党的十三大系统地阐述了"三步走"发展战略，即第一步，从1981年到1990年，国民生产总值翻一番，解决人民温饱问题；第二步，从1991年到20世纪末，国民生产总值再翻一番，人民生活水平达到小康水平；第三步，到21世纪中叶，人均国民生产总值达到中等发达国家水平，人民生活比较富裕，基本实现现代化。

在当时历史条件下，邓小平对"第三步"没有做详细的规划。之后，江泽民在党的十五大上指出：我们的目标是，第一个10年实现国民生产总值比2000年翻一番，使人民的小康生活更加宽裕，形成比较完善的社会主义市场经济体制；再经过10年的努力，到建党100年时，使国民经济更加发展，各项制度更加完善；到21世纪中叶新中国成立100年时，基本实现现代化，建成富强民主文明的社会主义国家。

由于邓小平的"三步走"发展战略把第一步和第二步战略步骤合为一个总目标——建设小康社会，以江泽民同志为主要代表的中国共产党人决定把"新三步走"发展战略的第一步和第二步战略步骤也合为一个大目标——全面建设小康社会。

基于以上的战略步骤和路线，习近平总书记在党的十九大报中指出，今天，我们比历史上任何时期都更接近、更有信心和能力实现中华民族伟大复兴的目标，并在全面建成小康社会的基础上分两步走：从 2020 年到 2035 年，基本实现社会主义现代化；从 2035 年到 21 世纪中叶，把我国建成富强民主文明和谐美丽的社会主义现代化强国。

从以上可以看出，中华民族复兴号巨轮的航行需要坚强有力、大智大勇、深谋远虑的掌舵者举旗定向，不断为通往复兴梦想的巨轮绘制正确的航行路线图，以保其乘风破浪，正确前行，少走弯路，直达目的地。中国共产党领导是中国特色社会主义最本质的特征，中国共产党是国家最高政治领导力量，是实现中华民族伟大复兴的根本保证。

三、以不断自我革命推动伟大社会革命

革命者必先进行自我革命。中国共产党自成立之日起，就肩负着推翻旧社会、建立新社会的历史使命。为了完成这个艰巨的历史使命，中国共产党不断地进行自我革新，领导中国人民完成了民族独立和人民解放的历史使命。进入新时代，中国的历史方位发生转变，"我们党必须以党的自我革命来推动党领导人民进行的伟大社会革命；要把新时代坚持和发展中国特色社会主义这场伟大社会革命进行好，我们党必须勇于进行自我革命，把党建设得更加坚强有力"[1]。党的自我革命是社会革命的前提与保证，社会

---

① 仰义方：《以党的自我革命推进新时代伟大社会革命》，《红旗文稿》2018 年第 14 期。

革命是自我革命的目标和使命。自我革命的目的是为了更好地推进社会革命，社会革命如能顺利推进，又能为自我革命提供良好的外部环境。所以，自我革命与社会革命是有机联系的，二者相辅相成、相互影响、相互促进。

（一）自我革命是社会革命的前提和保障

办好中国的事情，关键在党。"中国共产党的伟大不在于不犯错误，而在于从不讳疾忌医，敢于直面问题，勇于自我革命。"[①] 以全面从严治党为根本内容的党的自我革命是中国共产党办好中国事情的关键所在。党在何种程度上实现了自我革命，党领导的伟大社会革命就能推进到何种高度与深度。

全面从严治党是我们党的优良传统和宝贵经验，具有连续性和继承性的特点，必须一以贯之。1939 年，毛泽东在《〈共产党人〉发刊词》中，第一次把党的建设作为一项"伟大的工程"提了出来，表明党的建设的重要性和艰巨性。在新的历史时期，党的十七大明确提出了要以改革创新的精神加强党的建设的战略性任务，为全面推进党的建设新的伟大工程，把党建设成为领导社会主义事业的核心力量指明了方向。中国共产党是中国特色社会主义事业的领导核心，全面从严治党就是要把这一领导核心锻造得更加坚强有力。

党的十八大以来，中国共产党把全面从严治党纳入"四个全面"战略布局。把党风廉政建设和反腐败斗争等作为全面从严治党的重要内容，开辟了党的建设新境界，为党的有机体注入了新的生机和活力。

党的十九大报告指出："伟大斗争，伟大工程，伟大事业，伟大梦想，紧密联系、相互贯通、相互作用，其中起决定性作用的是党的建设新的伟大工程。"这一科学论断是新时代党建理论的重要组成部分，是对马克思主

[①] 中共中央宣传部：《习近平新时代中国特色社会主义思想三十讲》，学习出版社 2018 年版，第 309 页。

义党建理论的继承和发展。

全面从严治党，首先必须从严肃党内政治生活严起，加强和规范党内政治生活，增强党内政治生活的政治性、时代性、原则性、战斗性，全面净化党内政治生态，使"咬耳扯袖、红脸出汗"成为常态，做到惩前毖后、治病救人。

其次，全面从严治党必须重视党的作风建设。党的作风是党员干部品质的重要体现，关系到党的形象塑造和生死存亡。

再次，全面从严治党把纪律建设摆在更加突出的位置。坚持纪严于法、纪在法前，把纪律和规矩挺在前面。党面临的形势越复杂、肩负的任务越艰巨，就越要加强纪律建设，越常抓不懈，严格问责。

最后，全面从严治党必须深入推进党风廉政建设和反腐败斗争。以顽强的意志品质，以零容忍态度惩治腐败，坚持"老虎""苍蝇"一起打，在全党构建不敢腐、不能腐、不想腐的长效机制。保持党的有机体的健康发展，为中国推进社会革命的前提和保障。

（二）社会革命是自我革命的目标与使命

中国共产党的根本宗旨是全心全意为人民服务。为了人民的利益，中国共产党在实际工作过程中不断地进行反思、改进、完善自身。始终保持党同人民群众的血肉联系；为了人民的美好生活需要，中国共产党不遗余力地推进社会革命、实现社会变革，解放生产力、发展生产力，创造出巨大的物质财富和精神财富，中国共产党肩负着实现自身革命和推动社会变革的双重历史使命。

近百年来，一代又一代中国共产党人领导人民群众不断推进社会革命、开创伟大事业，带领中华民族实现了"三个伟大飞跃"：中华民族迎来了从站起来、富起来到强起来的伟大飞跃；中国特色社会主义迎来了从创立、发展到完善的伟大飞跃；中国人民迎来了从温饱不足到小康富裕的伟大飞跃。这"三个伟大飞跃"是中国共产党领导中国人民不懈奋斗、进行社会革命的结果。

中国共产党自成立之日起，就强调"党的根本政治目的是实行社会革命"，旗帜鲜明地把共产主义确定为自己的奋斗目标，并坚持用革命的手段来实现这个目标。为了实现这个目标，党领导人民历时 28 年，取得了新民主主义革命胜利，建立了中华人民共和国，实现了民族独立和人民解放的历史任务，中华民族从此屹立于世界民族之林。经过"三大改造"，实现了从新民主主义向社会主义的过渡。建立了社会主义基本制度，确立起社会主义基本制度，建立了比较独立完整的工业体系与国民经济体系，奠定了当代中国一切发展进步的根本政治前提和制度基础，开启了社会主义革命和社会主义建设的历史，实现了中华民族由近代不断衰落到根本扭转、持续走向繁荣富强的伟大飞跃。

改革开放以来，党领导人民解放思想、实事求是，开启了改革开放这个伟大的社会革命。邓小平说："革命是解放生产力，改革也是解放生产力。"[1]中国社会发展各个方面发生了巨大的变革，形成了党在社会主义初级阶段的基本路线、基本方针、基本政策，逐渐形成了中国特色社会主义道路，使人民生活水平显著改善，社会发展活力极大增强，综合国力和国际地位显著提升，实现了从站起来到富起来的伟大历史飞跃。

党的十八大以来，以习近平同志为核心的党中央提出了一系列新理念新思想新战略，出台一系列重大方针政策，推出一系列重大举措，推进一系列重大工作，掀起了新的伟大社会革命。为了更好地推进社会变革，党必须一以贯之地进行自我革命，在统揽伟大斗争、伟大工程、伟大事业、

---

[1] 邓小平：《在武昌、深圳、珠海、上海等地的谈话要点》，《邓小平文选》第 3 卷，人民出版社 1993 年版，第 370 页。

伟大梦想中，以自我革命为重要内容的伟大工程起着决定性作用。党的十九大报告强调，新时代党的建设要"坚持和加强党的全面领导，坚持党要管党、全面从严治党，以加强党的长期执政能力建设、先进性和纯洁性建设为主线"，为新时代继续推进党的自我革命指明了前进方向，也为有力地推进伟大的社会革命提供了保证。

（三）以理论创新协同推进党的自我革命和社会革命

思想是行动的先导，理论是实践的指南。中国共产党自成立之日起就以马克思主义为指导思想。"马克思的整个世界观不是教义，而是方法。它提供的不是现成的教条，而是进一步研究的出发点和供这种研究使用的方法。"[①]马克思主义具有强大的生命力和与时俱进的品质。我们的建党理论不可能一劳永逸，需要在不断推进社会革命的同时进行自我革命，不断地进行理论创新。中国共产党必须保持党的先进性和纯洁性，才能够领导中国革命、建设和改革走向胜利。

改革开放 40 年来，我们党领导全国人民不懈奋斗、攻坚克难，紧紧围绕"建设什么样的党、怎样建设党"这个重大课题进行实践探索和理论创新，不断总结经验、提升理论水平，深化了对党的建设规律和共产党执政规律的认识，党建理论创新取得丰硕成果，为推进新形势下党的建设新的伟大工程提供了基本遵循，极大地丰富了马克思主义党建理论宝库。特别是党的十八大以来，站在新的历史起点上，以习近平同志为核心的党中央在新形势下不断地进行理论探索，创立了习近平新时代中国特色社会主义思想，对新时代怎样加强党的建设提出了一系列新思想新观点新论断，开创了马克思主义党建理论创新的新局面。实践表明，马克思主义中国化最

---

① 恩格斯：《致韦尔纳·桑巴特》，《马克思恩格斯选集》第 4 卷，人民出版社 2012 年版，第 664 页。

新成果为党建理论创新提供了根本遵循，有力地推动着党建实践向前发展、党的伟大事业不断前进。

问题是时代的口号，从某种意义上说，问题的提出在一定程度上比解决问题更重要。因为提出新的问题、新的可能性，从新的角度去看问题，都需要有创造性的想象力，这标志着科学的真正进步。党建理论创新和中国特色社会主义理论创新也必须以问题为导向，在不断提出问题、认识问题、解决问题的过程中，运用科学的思维方法，创造性地提出党的建设的新理论、新观点，着力破解突出矛盾和问题，有效地推进党建理论创新，为顺利推进党的建设新的伟大工程而不懈奋斗。

党建理论创新是一项系统伟大的工程，必须着眼于当下，以当前的主要问题为坐标，同时做到不忘本来、面向未来，以马克思主义党建理论为指导，汲取中华优秀传统文化和党的历史经验进行创新。改革开放以来，我们党把党建理论创新置于历史发展的长河中去思考，同时和改革开放的历史进程相结合，使党建理论焕发新的活力，与历史同在，与潮流共振。

党的十八大以来，面对新情况、新问题、新挑战，以习近平同志为核心的党中央准确把握党的建设规律和社会主义现代化建设事业的规律，顺应历史潮流，构建新时代中国特色社会主义理论体系，极大地推进社会革命向前发展，为满足人民群众美好生活的需要奠定了基础。

延伸阅读

1. 恩格斯：《论权威》，《马克思恩格斯文集》第 3 卷，人民出版社 2009 年版。

2. 毛泽东：《〈共产党人〉发刊词》，《毛泽东选集》第 2 卷，人民出版社 1991 年版。

3. 习近平：《青年要自觉践行社会主义核心价值观》，《十八大以来重要文献选编》（中），中央文献出版社 2016 年版。

深度思考

1. 为什么说党的坚强领导是改革开放事业成败的关键？

2. 简述党的自我革命与社会革命的关系。

3. 党的十九大报告指出："伟大斗争，伟大工程，伟大事业，伟大梦想，紧密联系、相互贯通、相互作用，其中起决定性作用的是党的建设新的伟大工程。"请谈一谈对这段话的理解。

▶ 后 记

　　2018 年 12 月 31 日，习近平总书记在 2019 年新年贺词中指出："2019 年，我们将隆重庆祝中华人民共和国 70 周年华诞。70 年披荆斩棘，70 年风雨兼程。人民是共和国的坚实根基，人民是我们执政的最大底气。一路走来，中国人民自力更生、艰苦奋斗，创造了举世瞩目的中国奇迹。新征程上，不管乱云飞渡、风吹浪打，我们都要紧紧依靠人民，坚持自力更生、艰苦奋斗，以坚如磐石的信心、只争朝夕的劲头、坚韧不拔的毅力，一步一个脚印把前无古人的伟大事业推向前进。2019 年，有机遇也有挑战，大家还要一起拼搏、一起奋斗。"回顾中国 70 年的辉煌历史，我们所取得的伟大成就和所开创的伟大事业，都是中国共产党领导和团结伟大的中国人民不懈奋斗得来的。面临百年未有之大变局，经过长期努力，中国特色社会主义进入了新时代，这是我国发展新的历史方位。新时代是奋斗的时代，进行具有许多新的历史特点的伟大斗争，建设党的建设新的伟大工程，推进中国特色社会主义伟大事业，实现中华民族伟大复兴的伟大梦想，都离不开几代人、十几代人甚至几十代人的持续奋斗。

　　幸福都是奋斗出来的，奋斗本身就是一种幸福，只有奋斗的人生才称得上幸福的人生。我们要坚持把人民对美好生活的向往作为我们的奋斗目标，始终为人民不懈奋斗、同人民一起奋斗，切实把奋斗精神贯彻到实现中华民族伟大复兴的全过程。为了庆祝中华人民共和国 70 周年华诞，总结过去 70 年从一穷二白走向中国奇迹的历史经验，面向未来保持矢志不渝的执着、永不止步的进取、敢于担当的勇毅、求真务实的笃行，以激发全党同志不懈奋斗的精气神，为夺取新时代中国特色社会主义伟大胜利不懈奋斗，我们组织编写了本书。

本书是为庆祝中华人民共和国 70 周年华诞献礼的《跨越（1949 — 2019）》四部曲中的第四部，由中共中央党校（国家行政学院）教授、哲学教研部副主任董振华担任主编，负责全书的提纲和总体框架的设计。古荒协助做了大量的组稿和统稿工作，组织中央党校一批从事理论研究的优秀青年学者参与撰写工作。具体分工如下：董振华（序言、第一章、合著第六章）、徐国旺（第二章）、王乐（第三章）、曹润青（第四章）、丁梦雨（第五章）、古荒（合著第六章）、陈骊骊（第七章）、张恺（第八章）、邓莉（第九章）、焦佩锋（第十章）、王宜科（第十一章）、孟瑞霞（第十二章）。

由于本书所研究的问题重大，内容丰富，范围广泛，在编写过程中，我们广泛听取了各方面专家学者的意见和建议，他们无论从材料的提供、选择，还是研究的角度、思路等方面都提出了宝贵的意见，也参考了中央以及地方各主流媒体的一些理论文章，在这里一并致谢！

最后，我们诚恳地指出，本书研究的问题相当广泛，需要相当深厚的理论功底和坚实的实践认识作为支撑，而我们的水平和能力有限，不当之处在所难免，恳请读者和有关专家不吝指教！

董振华

2019 年 2 月